よりよく生きるための

断捨離式

エンディング・ノート

著
やました ひでこ

主婦と生活社

はじめに

人生のエンディングは明日かもしれない。ずっとずっと先のことかもしれない。いずれにしろ、私たちは死ぬまでは生きてゆかねばならない—。

若い頃からの私は、ヨガや仏教などを学びながらこの想いの中にいつもいたように思います。

「人はどうしたって死ぬのだ…」

決定的に実感したのは身内の死。

父、姉とその子である姪が、立て続けに亡くなったのです。本人たちにとっては早すぎる歳での死。

ああ、そうなのだ。若くても健康でも人は死ぬ。そして病気であっても、どんなに高齢であっても生きている人はいる。生死とは、健康不健康、元気病気といった私たちの日常的な関心事を超えた次元にある領域。人知を超えた世界。

だからこそ、私たちは、どうあっても死ぬまでは生きていかなければならない。それが私たちの宿命。

この単純明快な気付きが、死の準備になるに違いない。

死の時がやってくるまで、いかに生きるか。

昨日よりも今日、今日より明日、〝これまで〟より、〝これから〟を生きるには—。

「断捨離」とは「良く生きる」ための行法哲学であるヨガの智慧を、私なりに日常に落とし込んだものです。

私にとって「死ぬ」ということは、「生の終わり」まで。死後、家族に迷惑かけないように、などということは「考えても仕方のないこと」と思えてしまう自分がいるようです。

何故なら関心があるのは「今、どう生きるか」の1点だから。死への準備とは「よく生きること」にほかならない。精一杯生きた先に、きっと後悔のない死があるのだという思いがあります。

本書は断捨離に関する本としては初のノート形式。いわゆる「エンディング・ノート」というよりは、これからをより良く生きるための「生き方見直しノート」と言っていいのかもしれません。考えをまとめるには、「書き出す」行為が効果的。無意識や無自覚なことを意識化できます。

ごきげんに生きていくための手立てを、そして自分なりの人生の始末の付け方を一緒に考えて実践していきましょうか。

そう。エンディングを考えることは、より良い人生へのスターティングでもあるのです。

やました ひでこ

contents

第2章 悔いのないエンディングへ向けての実践ワーク

第1章

自分にふさわしいモノに囲まれて生きる！

「断捨離流」人生のエンディング

要らないモノを手放し続けて人生を愉しく

断捨離とは単なる「モノの片づけ論」ではありません。自分らしく生きていくための智慧であり、実践です。自分にとって「不要なものは何？」「必要なものは何？」という問いを繰り返していくことで、本当に自分が手に入れたいものが見えてくる―そして「生きるのが愉しい」「生きていて面白い」という想いが湧いてくることを目指しています。その最も身近な「問い」として「モノ」に向かい合うことから始めているので「断捨離＝モノを捨てること」と思われがちなのですが…。

「モノ」を捨てることが、どうして生き方論になるのか、疑問をお持ちになる方もいるでしょう。モノが多くて、家が片づかないという場合、自分にこう問いかけるのです。「捨てられないと逡巡するモノは何だろう。その迷う理由は一体どこにあるのだろう」と。例えば「姑からもらったモノが捨てられない」という場合、「何故？」の答えの先には「せっかくくれた義理の母に申し訳ない」、「捨てたことがバレたらなんて言われるかわからない」といった義理の母への遠慮や怖れの気持ちがあります。**捨てられないモノは単なるモノではなく、自分の気持ちを映し出して存在している**のです。

断捨離では、「モノ」を題材にして、自分の心に「何故？」「本当はどうしたい？」と問う作業を繰り返していきます。さまざまな題材について考えていくうちに、いろいろな気付きが起きています。

それは人生をより良く生きる手がかりになります。

「身軽に生きたい」なら人生の棚卸を今こそ！

誰もが自分の死を思うとき「悔いなく生きたな」と思いたいですよね。私も、手放すモノは手放し、身ひとつで「自分の人生を生き切った！」とその時を迎えるのが理想だと思います。家族に看取られながら、とか、自宅で最期を、といった願いはありませんが、「多少の悔いもあるけれど、なかなか愉快な人生だった」とエンディングの時を迎えられたらしめたものと思っています。

断捨離とは、「面白い人生」を送るためにぜひ使っていただきたい「生き方のツール」です。**不必要なモノは手放し、自分にふさわしいモノたちに囲まれて過ごす。**そんなシンプルで気持ちのよい状態で、人生のこれからの日々を過ごせたらどんなに素敵でしょう。

私はその状態を「ごきげん」と呼び、「ごきげん」であるためには自分はどうしたらいいのか、という問いを日常的に繰り返しています。それでも歳を重ねてくると、要らないモノがどんどん溜まり、本当に自分にふさわしいモノが見えづらくなっていきます。**歳をとるということは、「モノが増え続けるわりには、捨てる行動力が落ちる」ということ**でもあります。

もっと気持ちよく、自分らしく生きたいと思いながら歳をとり、状況を変えられないまま死を迎える。そして残すのが悔いだけならぬゴミ・ガラクタの山では、あまりにも哀しすぎますね。

人生のエンディングを意識することで、今、自分がどうしたいかが見えてきます。あとは、ちょっとの実践、行動あるのみ。気持ちも身体も重たくなってしまう前に、人生の棚卸しを始めたいとは思いませんか。

そう、この本を手に取った今こそが、断捨離を始めるベストタイミングです。

断捨離の基本鉄則

断

過剰に取り込まないために…

- 私たちは空いているところに入れたがるクセを持つ。モノも予定も…。それによってゆとりを失うことを知る。
- 世の中には「割安・お手頃・タダ」という文句で巧みに入りたがってくるモノや情報がある。それらが“クセもの”であることを知る。

捨

過剰に溜め込まないために…

- 私たちは「もったいない」を言い訳にして捨てることをためらう。「もったいない」とは「もったいないから、もう要らない」というように新しいものを取り入れる時にこそ使う。
- 捨てることが目的ではない。それ以前の「選択・決断」が重要であり、捨てるは結果にすぎない。

離

自分以外のものと快適な関係を築くために…

- 離れた位置から対象物や対象事を見ることで客観性を養う。
- どのような関係性を築けば自分が快適でいられるかの問いを常に行う。

第1章

ゆたかな日本でゆたかに歳を重ねる

「もっと欲しい」を断ち、シンプルに暮らそう！

“恵み”が“悩み”となっているゆたかな国の私たち

「ゆたか」という言葉からイメージされるのは「満ち足りている状態」です。

　しかし、今の日本は満ち足りているどころか、過剰になっていることが当たり前で、その過剰にさえも気が付かないような状況。欲しいモノがあまりにも簡単に手に入るので、大切にしようという気持ちが薄れ、有り難みが無くなっているように思います。

　たしかに、物質的にはゆたかですが、精神的にはゆたかさと逆の方向に向かっているようです。

　何不自由のない暮らしを行っていると傍目では思われている方々が、実は不自由な心の問題を抱えていることも、ザラにあります。**豊富を通り越して過剰となったときに、「恵み」は「悩み」となって私たちを苦しめる**のです。

既に十分なはずなのに「もっと欲しい！」

　自分にとってゆたかさとはどんなものでしょう。愛情？　お金？　健康？　それとも時間？　何がたっぷりあれば満たされると感じるのでしょうか。

　自分自身が思い浮かべるゆたかさを具体的にイメージして書き出してみましょう。

　どうでしょうか。

　それらの言葉は、あなたが人生に求めるそのもの、だといえますか。そして今、既にある程度は手に入れているけれど「もっと欲しい」と願っているモノやコトたち。

　欲求とは手に入れても手に入れても湧き上がる「もっと！」という気持ちです。もちろん、ある程度の欲求は生きるために必要。けれど、ゆたかな日本にいながらゆたかであることに気付かず、あたかも砂漠で水を欲しがるがごとくモノやお金や時間を欲している―それが私たちです。

　「私」は既に十分にあらゆるものを持っているのかも知れません。必要なモノはひと揃いあって、十分以上、過分といえる程に満たされているのかも。

　「断捨離」という「引き算」の考えが広まること自体、私たちは恵まれた国に生きている証拠だと思うのです。無いので困っているのではない、有りすぎて困っているというのは、有り難い悩みですよね。無くて困っている国に住む人たちは地球上に数多いるというのに。

　満たされているという「今の幸せ」に気付くこと。その上で「不必要なもの」の選別を行い、余分な人生の贅肉を振り払い、より軽やかに快適に生きていければ、と思うのです。

断捨離式・ゆたかさを考察するシート

あなたにとって「ゆたか」であることとはどんなイメージでしょう。
思いつくまま書き出してみましょう。

それらを「既に十分手に入れているもの」
「まだ足りないもの」に分けてみましょう。

既に十分手に入れているもの	まだ足りないもの

やましたひでこの思うこと

十分手に入れられていると思うものに関しては「有り難い」と感謝の気持ちを持ちたいと思うのです。もちろん自分の努力もあってこその満足ではあるとは思うのですが、ゆたかさをもたらしてくれる他者がいて、他者との関係性が上手くいっているからこそ、いろいろなことがもたらされるのです。
まだ足りないと思うことには「なぜ足りないと感じるのか」「あとどのくらいあれば足りていると感じるのだろうか」と問うてみたいもの。もしかしてそれは十分足りているにも関わらず、虚栄心や欲ばりの心が潜んでいて不足を感じるのではないだろうか。そして、いくら求めたところでそれらは充足という境地を得られないものではないか？　と疑ってみてはどうでしょう。

第1章

多くを持たねば幸せになれないという価値観を見直す

「多すぎること」より「足りない」ことに目が向きがちな私たち

過剰か不足かの判断は「思い込み」

今、自分が抱えている何らかのストレス、社会が直面しているさまざまな問題、地球環境が瀕している危機的な現象…これらは「過剰」が原因なのか、「不足」なのか、どちらかに原因があります。

でも、私たちの意識はどうも「不足」のほうに焦点を合わせがち。「足りない、まだ足りない」と、そちらにばかり目がいくのです。

例えば「お金の問題」。お金が足りないことで悩むけれど、その不足を招いている支出のモト、つまり、過剰な出費の原因にはなかなか目がいきにくいものです。何故なら、**過剰の問題に切り込むには大きな痛みが伴う**から。

例えば夫へのお小遣いを減額したら、きっと夫からの大きな抵抗が起きるでしょう。人はダウンサイジングに伴う痛みやめんどうを引き受けたくないという心理が自然と働くものなのです。

だからこそ、**必要なのは過剰と不足を見極める視点**。そもそも、私たちの命のメカニズムは本来、「過剰」と「不足」をいち早く察知して、シーソーのごとくそのバランスをとろうとするものです。お腹がすけば食べ物を取り込み、過剰ならば体を動かす、というように。

しかし、長いあいだ過剰か不足かに「偏り」が続ければ、バランスをはかろうとする機能も衰えてしまいます。その偏りの原因は、「思い込み」や「こだわり」。

例えば、お金が無いと幸せにはなれない、もっとお金が必要だ、という自分の価値観です。だからこそ、それをひとつずつ点検する作業が必要。

こうした点検作業にうってつけなのが、「身の回りに堆積したモノ」の「見直し」です。何故なら、**モノとは私たちの価値観の証拠品**にほかならないから。「高いブランド品」には「ブランド品を持てる人は素敵だ」という価値観が、「子どもの玩具」には「親は子どもには玩具を与えるべき」という観念があるから、捨てられないのです。

あなたが過剰に持ち過ぎているものは何ですか？

そして、それは何故持っているのですか？

不足していると思っているものは何ですか？

そしてそれは何故不足しているのですか？

こうした問いを続けるうちに、過剰と不足を招いている原因にたどり着くことができます。

第1章

ライフステージの変わり目が「断捨離タイミング」

身軽になって残りの人生をごきげんに過ごそう！

歳をとるほど モノに支配されやすい

思い出してください。新しいモノを買う時のワクワクする気持ちを。まるで新しい自分が手に入ったような気分になる昂揚感、お金を払う時の晴れやかな気分。

私たちは、手に入れるという行為が大好きです。

さらに、厄介なことには「一度手に入れたものを手放したくない」という思いも強いのです。

そして歳を重ねるほど愛着や未練が増していき、「捨てたら二度と手に入らないかもしれない」といういじましい気持ちが加速していきます。

結果、自分でコントロール出来ないほどの大量のものを所有し、モノに支配されるがごとく窮屈な空間で暮らすことになるのです。

その窮屈な空間でモノたちは、あたかも絶え間ないおしゃべりを続けているよう。最初はひそひそと。時にぺちゃくちゃと。しまいには声高に、甲高く。

不要なモノは、場所を占領し、私たちの心にノイズを発している存在と化しています。本当に穏やかな暮らしを手に入れたいと思うならば、そのモノたちを一時的にどかせるだけではなく、根本から手放す必要があります。

ノイズはモトから絶たなければ私たちの気持ちを常にざわつかせることになるのですから。

軽量化した荷物で 人生の旅を快適に

残りの人生を心穏やかに過ごしていきたい、そう願うのならば不要物を取り除いていく作業は欠かせません。重い荷物を持っての旅行は煩わしいですよね。周りの景色を楽しむ余力を持つには、とことん身軽になるべきです。

とはいえ、手放す行為にはきっかけと勇気がいるので、ライフステージの変わりどきをとっかかりにするのがおすすめです。

定年退職を迎えた、子どもが巣立っていったなどは、これからの自分の生活をイメージしながら断捨離しやすいタイミング。モノを厳選して絞り込んで減らし、身軽になる程、自分のごきげんな気持ちの広がりを実感することができるはずです。

断捨離とは何でもかんでも捨ててしまい質素な生活を送るということではなく、本当に必要なものを選び抜くことが目的です。

迷いなく心地良く生きた先に、納得のいく人生のエンディングが待っているのですから。

第1章

何よりも「捨てる」を優先するわけ

人生の停滞はモノや思考などの詰まりが原因

手放すことへの恐怖感を私たちは持っている

断捨離は、「捨てる」ことが優先です。

ただし、「捨てる」という言葉自体にハードルを感じるようなら「手放し」という言葉に置き換えてもいいでしょう。空に向かって心を解き放ち、身体も軽く、スッキリする感覚です。

「**手放してこそ人生の新陳代謝が加速する**」と断捨離では考えるのですが、大抵の場合、「手放し」は「後回し」になります。私たちの、手放すことへの恐怖は、自分で思う以上に大きいのです。小さな子がお気に入りの玩具を手放さない様子を想像してみてください。

詰まりをとって流れさせる作業が大事

一般的な収納術と断捨離との違いは「one in, one out」と「one out, one in」の違いです。「one in, one out」とは、ひとつ入れたらひとつ出すということ。収納術でよく使われる言葉ですが、代わりになるものが出来たら手放すのですから、モノの総量は減らず現状維持のまま。対して、断捨離は「one out, one in」、「詰まりをひとつ解消してから入れますよ」という行動なのです。

詰まりをとってしまえば、あとは勝手に流れ出します。しかし、詰まりをとる行動には怖れが伴うのですね。捨てたはいいけど、本当に次が入ってくるのか、保証はないのですから。だから私たちはモノやモノに象徴される人、コトにしがみついて、「くれないと、渡さない」とダダをこねます。

しかし、もし**人生の停滞に嫌気がさしているのなら、そして人生の新陳代謝を望むなら、捨てること、手放すことを何よりも優先す**べきです。

手放せない心の奥に自分への不信

私自身、長い時間をかけていろいろなモノと同時に手放し続けてきたのは、「ココロの蓋」、すなわち「怖れ」や「痛み」です。「大丈夫、捨てたって何も困ることは起こらないんだよ」と自分に許可を出してやることで、自らの決断を信頼し、行動を起こすことが出来るようになります。

選択、決断、集中、行動を行い続けること。それを「身近にあって、捨てたいと思いながら捨てられないモノを捨てる」という小さなケーススタディから始めてみるのが「断捨離」です。

「手放し難きを手放せば、得るべきを得る」（千賀一生「タオの一生」）――どうぞ、この言葉を胸に、行動してみましょう。

「手放す」ことで人生の新陳代謝が加速する！

一般的な収納術

one in, one out

ひとつ入れたらひとつ出す！
総量が減らないので
相変わらずモノは
多いまま…

断捨離

one out, one in

ひとつ出してからなら
ひとつ入れてもOK
まずは減らすことを
前提にしています

あなたが「手放したい」ことは
何ですか
思いつくままにあげてみましょう。

そしてそれは何故ですか？
それぞれについて考えてみましょう

「手放したいのに手放せない」ものがあるとしたら、その原因は何でしょう？

やましたひでこの思うこと

「手放してしまったら、もう同じものは二度と私の人生に入ってこないかもしれない」。その怖れの気持ちに気付くことが大切。いろいろなモノを手放すことで（同じものは手に入らないかもしれないけれど）きっと自動的に新しいものが手に入るし、自分が新しいものを愉しめるだろうという考え方の転換が出来れば、捨てることへの怖れは減っていきます。

第1章

歳を重ねるほど、悩みと上手に付き合おう！

「相手を思い通りにしようとしない考え方」を身につける

「他者」を変えるのではない、他者との「関係性」を変える

かつては、私も悩み多き人間で、心身ともに疲れていました。多忙な仕事、年老いていく親、受験期の子ども、更年期という身体の変調……。不安定要素が満載のなか、全てを抱え込んであがいていました。でも、今思い返せばすべては一人芝居。抱え込まなくてもいいはずのものを勝手に背負い、重たい、大変だと自分を周囲の犠牲者のごとくに扱っていました。

私の母は「歳をとるとロクなことがない」などと常に愚痴が先に立つ人で、まるで生きていること自体を苦行のように捉えているかのようでした。反発を覚えながらも、その観念にいつしか取り込まれている自分がいました。けれど、生きるとは苦労の連続ではなく、面白さの連続でもある、物事にはふたつの面があって、苦労と面白さ、そのどちらに焦点を当てて生きるのかは、選択の自由なのだ、ということに気付いたのです。

それからは親を過剰に背負うことはやめ、人生は苦しいものだという観念から離れ、悩みの焦点を「母親」という存在から「母親と自分との関係性」に当てることへとシフトしました。他者はもう変えられない。変えられないなら、自分が他者とどう関わるかを変えてみようと思うようにしたのです。

断捨離は、「視点を変化させていくツール」。自在に視点を変えていくことで、悩みそのものの解釈を変え、悩みに対して堂々巡りをする思考回路から脱出します。

起きたことは変えられないし、周りの他者は変えられない。そこに自分のエネルギーと時間を費やすならば自分の悩みはもっと大きくなるばかりですから。

他者も自分も変えずに問題解決できる

他者のことを変えられないならば、自分自身を変えていけばよいのでしょうか。

いいえ、それも違うのです。

自分を出来事や他者に合わせて変えていこうとすると、我慢と不満が蓄積され、やがてそれらは被害者意識を増大させます。その結果に伴う、「相手を責める」という行為には創造的なエネルギーはなく、消耗があるだけです。だから他者を問うのではなく、他者と自分との関係性を常に問うのです。

「その悩みは、視点を変えれば、小さく変化するのではないか」と。

歳を重ねるごとに私たちは自分の思い通りにならない他者を変えようとし、変わらないことで責めるようになります。でも自分自身を変えることだってむずかしいのに、他者を変えることなど…。

そう思いませんか？

他者との「関係性」に焦点を当てるとは？

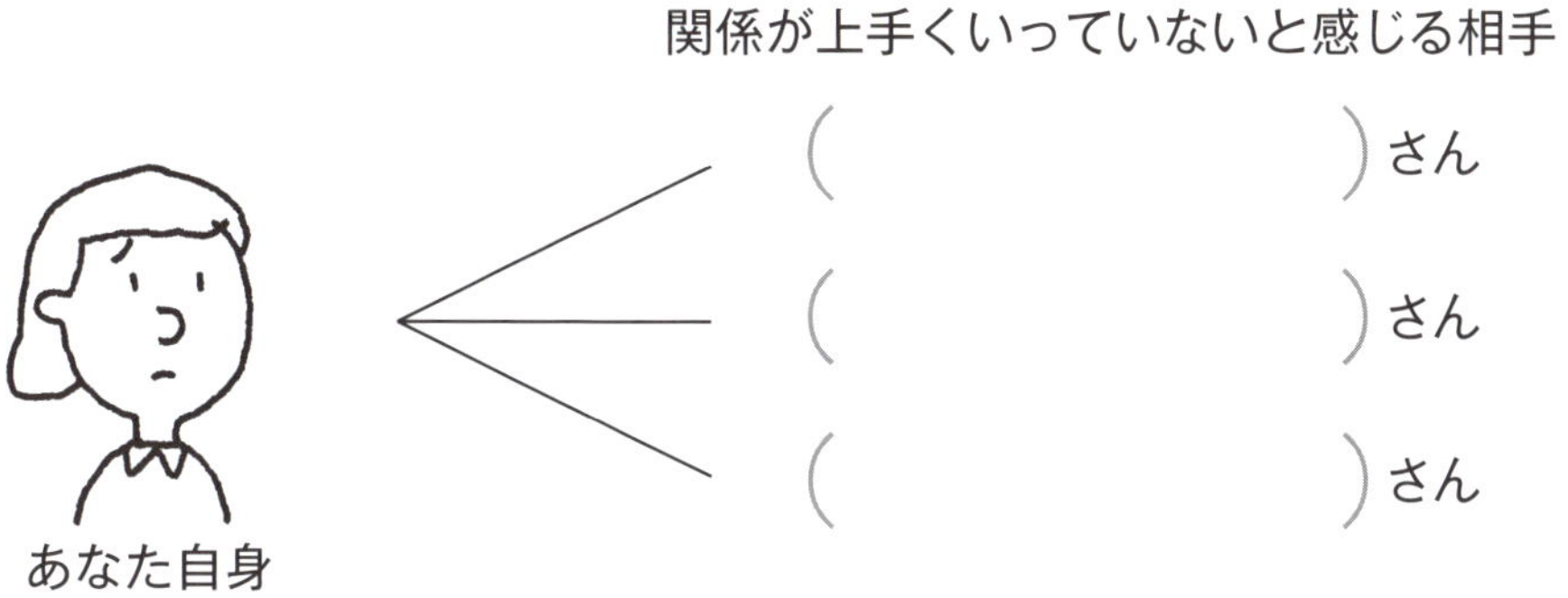

リストアップし、「私はその人が苦手」なのだと認識する

自分も相手を変えようとしない！　変えようとするエネルギーこそ不毛。

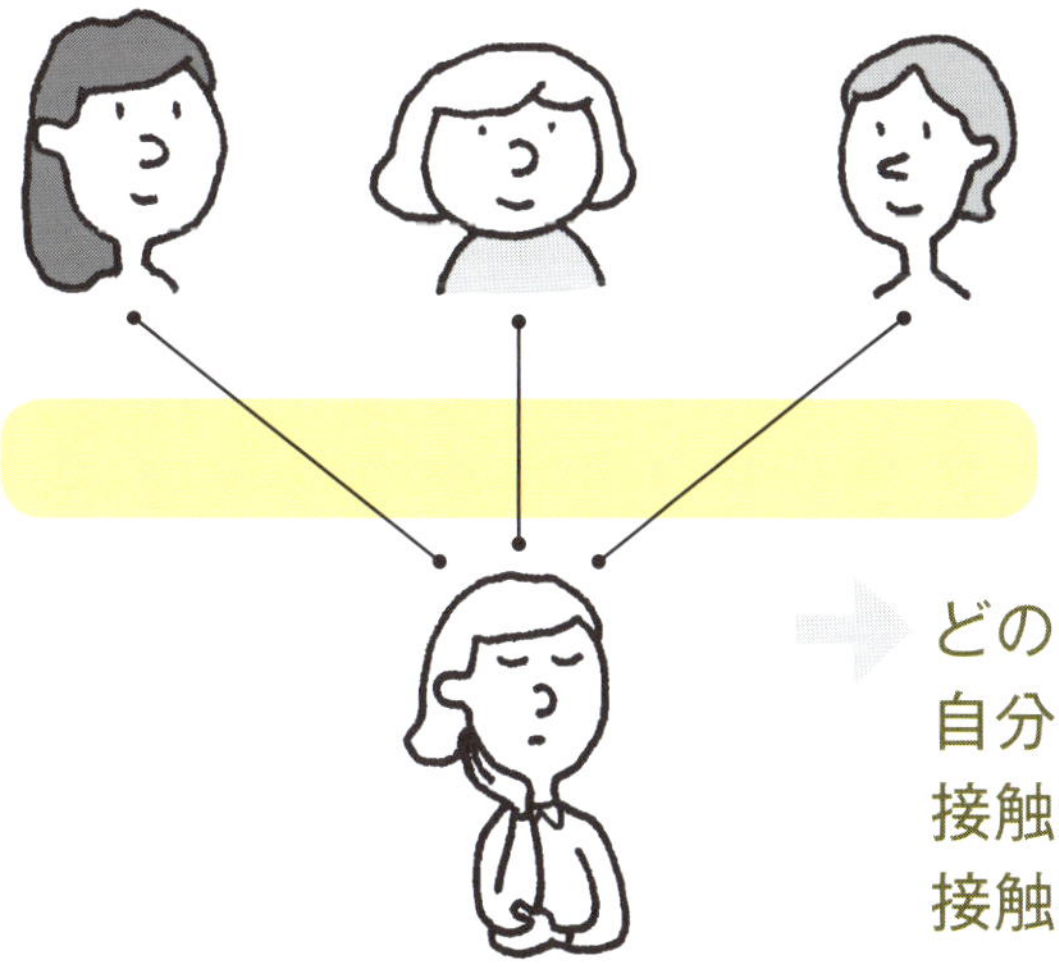

どのような関係でいれば
自分がラクなのか、を考察する
接触頻度を減らす？
接触密度を変える？

やましたひでこの思うこと

自分は嫌いだと感じていても「相手を不快にしたくない」という思いが余計に接触頻度を高めてしまうことがあります。会いたくないのに会うことを断れば嫌われると思ってしまうのですね。きっぱりと誘いを断り、電話も手短かに済ますなどの対応をすれば余程鈍感な相手でない限り、こちらの意図を察して離れていくとは思うのですが…。

言い訳をやめて、決断と行動を積み重ねていこう

「小さな成功」をとっかかりに、これからをイキイキと

片づけをあきらめることは「人生をあきらめる」こと

「何故かモノを手放せない」。それには理由があります。つまり、「もったいない」「いつか使うかも」という気持ちが先立つのです。では何故、モノを捨てられないのかと考えていくと、意外な自分の内側が見えてきます。

例えば過去の栄光や幸せだった時間への執着がある場合。当時を思い出させてくれるモノを捨てられないということが往々にしてあります。女性なら家族との思い出の品、男性なら会社でバリバリと活躍していた頃のモノは、未練に負けて溜め込みがちなのです。

わかっていても、どうしても捨てられない。そして、「こんな私が自分でも嫌」と言う方がたくさんいます。そして、男女問わず「捨てる」ことが出来ないという小さなことから、自分自身を責めたり、自信を無くしてしまったりしているのです。辛くなる程ならば、無理に捨てることはないのですよ、と話しても、本人は心を閉ざしてしまいます。

そんな方々に共通しているなと感じることは「人生へのあきらめ」。片づけに限らず何をやるにも疲れるし、この歳だからと言い訳しているのです。

ある主婦の方のお話をしましょう。彼女は「片づけられない」という悩みとあきらめを抱え、日々ストレスを感じながら過ごしていました。

床には新聞や雑誌が積み上げられ、ソファーの上には脱ぎ散らかした洋服、取り込んだ洗濯物は畳むことなく堆積です。自己嫌悪にさいなまれる彼女にアドバイスしたのは、「自分を責めない」ということでした。

そして「捨てたらあとで困るかも」という思いに囚われていたので、こうも付け加えました。「困ったら、そのときはそのときよ」と。

あきらめを「モノ捨て」から克服

モノが捨てられない、家のなかがいつもゴチャゴチャ、そんな自分のことが嫌い、自分は良い人生が送れないのではないか。この主婦の方は、たったひとつの「片づけ」ができないというあきらめから、ネガティブな思考が始まるという悪循環が起きていました。

自分を変えたい。より良い人生を送りたいと思ったら、その日から「断捨離」の始まりです。**たとえ身近な「片づけ」であっても、小さな決断と行動の積み重ねは、成功体験となり、そこから自信がうまれていく**のです。

「片づけるという行動」で生きる勇気を回復させる

**「片づける」という行動はすなわち
もっとも身近であり、なおかつ
自分自身でコントロールできる行動のひとつ**

→ 成果が目に見え、達成感を得やすい

→ 「自分は出来る」という自己肯定感を得やすい

↓

**片づけ以外にも
「達成感」や「自己肯定感」を得られるような
日常の小さなことを見つけて、それを続ける！**

↓

自分に自信が持てて生きることがラクになる！

あなたが片づけ以外にアクション出来そうなことをリストアップしてみましょう

例えば…

料理　ダイエット　日記をつける　庭いじり　靴みがき

ちょっとした運動　笑顔　あいさつ　アイロンがけ

ペットの世話　神棚を毎日きれいに

まだまだあるはず！
さっそく今日からスタートしましょう

第1章

老いや死について考えることを手放す

「今」を生きていることを味わって

死の意味を追求しても解答は出てこない

「将来が不安で仕方がない」という声をよく聞きます。歳をとるのが怖いのだと。正直に言えば、私自身も、こうした声への的確な答えを持ち合わせていません。

けれど、こう思います。

死とは人知を超えた世界。人知を超えた存在から見れば、ちっぽけな私が死をどんなに追求しても、解答はやってこないのだと。

私たちは死なない限り生きていかねばならないのだから、**死ぬことを考えるより「今」生きていることを、日々の暮らしを愉しむ**しかないのです。

「今日が最期の日と思えば精一杯の毎日が過ごせる」という考えもあると思いますが、正直なところ、このような心境にはなれません。何故なら、今生きているから。「生きている私」は死を思えと言われても本当には意識できません。

ずっと健康でいられたら確かにすばらしいでしょう。

でも、病気になったから得られる気付きもあります。世の中には病気や死が「怖い」ものとして情報発信されています。「病気にならないための」という枕詞がついた商品はいくらでもありますね。

私たちは、メディアを通じて病気や死への怖れを埋め込まれているという認識を持つべきでしょう。

例えば、こんなことは思い当たりませんか？　何かを食するときに、美味しく食べようという意識より「病気にならないように野菜をたっぷり食べよう」とか「健康のためには脂肪分は控えよう」という意識が働いてしまう。

でも、生きる目的は「健康」ではなく「幸せに生きる」こと。

将来病気になることを心配しながら食事をとるよりも、食べたければお腹いっぱい好きなものを食べて「おいしい、生きているって素晴らしい」と実感するほうが自分の命は喜びます。

病気を怖れてしまうあまり、私たちは本来の生きる目的を見失っているのではないかと思うのです。

ここまで生きてこられたことへの感謝

歳をとる、ということがどうして「不安」なのでしょう。

病気になってしまいそうだから？　美貌が衰えてしまうから？　私たちは加齢イコール老化と捉えがちですが、それがすべてではありません。**加齢で味わう人生の機微がある**のだと私は思います。

40代には30代にはなかった心の自由が、50代には40代にはなかった心の充実が。何より「老い」を待つまでの年齢まで生きてこられたことへの感謝が先立つものではないでしょうか。

それも元気いっぱいで。

そのイメージは事実に基づいている？

自分の思いというのは客観的に見て「事実に基づいたことなのか、どうか」を検証。もし事実とは言い切れないものであれば、それは主観＝思い込みにすぎない。

歳をとったら病気になって他人にも迷惑をかけ、不安でつらい毎日となるかもしれない…

主観であって事実ではない

病気になる人もいるが「ならない人もいる」。
病気であっても自立し、毎日を楽しく生きている人もいるという事実にも目を向けたい。

家族がそばにいないで「おひとりさま」の老後を送ることになったら怖い

主観であって事実ではない

配偶者に先立たれた人でも、生涯独身の人でも幸せに暮らす人はたくさんいる。
そもそも配偶者より先にあなたがこの世を去る可能性もあるのだから「おひとりさま」になるかどうかすら、誰もわからない。

やましたひでこの思うこと

刷りこまれた情報を事実かのように誤認して、不安にさいなまれることはよくあります。あなた自身の「思い込み」をピックアップし、事実かどうかチェックしてみましょう。きっと驚くほどの無意識の「思い込み」が出てくるはずです。

第1章

これからは「引き算」で、快適に

不要なモノを手放すことで心に余裕がうまれる！

手放すことで手に入る ゆたかさ、ゆとり

「断捨離」は過剰によって損なわれていることに焦点を当てる「引き算」の解決法です。多すぎるならば、減らしてみようかといういたってシンプルな発想。何故なら、**私たちはほとんどの場合、多すぎて困っている**のですから。

　モノも食べ物も、情報も人間関係も、断って、捨てて、離すという「手放し」を続けていくと、やってくるのは「ゆたかさ」です。それは、ゆとりという「空間」や「気持ち」のゆたかさ。溜め込み状態を手放すことで、これまで費やしていた維持管理の「時間」も「エネルギー」も戻ってきます。見えるカタチあるモノたちの「断捨離」が、見えないカタチなき「気持ちのゆとり」を招き入れてくれるのです。

　そして次に、見えないカタチなきものを手放すと、入れ替わりに何がやってくるのかと自問してみます。

　例えば「プライド」を手放してみる。そして、それを手放せばその代わりに何がやってくるのか、考えてみます。私が思いつくのは「過剰な期待」です。

　そして次に、またそれを手放せば、入れ替わりに何がもたらされるのかと考えています。

　それはきっと「穏やかな自分、寛容な自分、愛に溢れた自分」ではないでしょうか。

　「断捨離対象品目」は、家の中のモノ以上に私たちの心にまだまだたくさんあるのです。

引き算力は 生きる力

　今あるものを引き算するのは難しいもの。始めは基準があったほうが考えやすいかもしれません。

　例えば、何年も使っていないものという「期間の基準」。

　例えば、全然、まったく使っていないという「頻度の基準」。

　例えば、何となくそれを持っていることがしっくりこないという「気分の基準」。

　こういった基準はあるにはあるのですが、「断捨離」では基準はあくまでも自分が決めていくものとしています。自分に問いかけ、決めていくからこそ自分に力がついていくのです。「断捨離」は**不要なものを引き算することが目的ではなく、引き算をすることを手段として、「生きる力をつけていくこと」が目的**です。

　その生きる力とは、

意識する力
選択決断する力
自分を信頼する力

　つまり、人生を充実感で溢れさせ、ごきげんに生きる力です。

「足し算」で成り立っている現代社会

私たちは自分自身に「足りないもの」に焦点を合わせ
足りていることを認めず、ひたすら足し続けることをしている。

↓

溢れんばかりのモノや情報に埋もれ…。

↓

ゆとりを失い、自らを失ってしまいがちな環境に、してしまっている。

↓

自分を取り戻すには逆のやり方、「引き算」をする。

さぁ、今の生活を
「引き算思考」へ！　具体的にイメージしてみましょう。

モノの引き算 →

情報の引き算 →

人づきあいの引き算 →

シンプルな生き方をすれば**ストレスも引き算**される！

やましたひでこの思うこと

私がお手伝いし、引き算の断捨離を実践してくださった多くの方がより良い人生の変化をとげてきました。うつ的気分の改善、親子関係の改善、人生のリスタートを切り転職や結婚などを成功させた…。ゆとりを得て、暮らしを自律的に回復することが出来たのです。マイナスする作業で思考はプラスになるのだと思います。

捨ててはならないと刷り込まれて〝溜め込む大人〟となった…

「もったいない」の罠

モノを尊重するほどに自分自身を尊重してはいない？

「捨てるのがもったいない」という気持ちは、誰にでもあります。でも、考えてみてください。**「捨ててはならない」という観念にとらわれていたら、モノは永遠に溜まり続けます。**

言うまでもなく、モノの寿命は人より長いものがほとんどです。だとしたら、私たちは自分の人生をモノに捧げ尽くさなければならなくなります。モノをもったいないと慈しむ気持ちがあるのなら、自分自身をもどのくらい慈しんでいるのか、考えてみる必要がありますね。

例えば、モノに時間をとられて忙しい思いをしているのだとしたら、あるいは、モノに空間を提供して狭いと嘆いているとしたら、そして、モノにエネルギーをかけて疲れ果てているとしたら―モノを慈しんでいるつもりでも、自分自身のことはないがしろになってしまいます。

もしかすると「もったいない」と思う気持ちの裏側には「バチがあたる」という小さい頃からの観念の刷り込みがあるのかもしれません。大好きなおばあちゃんに教えられてきませんでしたか？

モノを大事にしなさい、さもないとバチが当たるよ、と。

バチという観念に何の根拠もない

そもそも「バチ」とは何でしょう。この問いに答えるのは難儀です。どうも、バチとは「神様の領域」のようですから。

なので、「バチ」を怖れる自分の側の思考の領域を考察検討してみます。まず、想定しているバチのレベルは？　次に、想定しているバチのレベルだと、被るダメージの程度はどれくらいなのでしょう。そして、想定しているバチのレベルと目の前の「片づかない」悩みの、そのダメージの差はどれくらいになるのでしょう。こうして自らに問いかけてみるのです。

すると、バチのレベルもダメージの程度も、片づかない悩みとの差も、実はまるで考えていないことに気付きます。怖れているだけで、自分の怖れについては考察思考していなかったのです。

私たちは、バチという言葉に反応して、思考停止状態になっています。停止した思考が自らに停滞を招いている、とも言えるかもしれません。

いっそのこと、こう考えてみてはどうでしょう。「バチがくるなら、かかってきてよし。受けてみせましょう、そのバチを」。

片づかない悩みで自分の人生を損なっていることにこそ、神様はバチを与えるような気がします。

「もったいない」におびえる小さい頃の自分がいる？

モノを
勝手に捨てないの！
まだ使えるんだから
なるほど
捨てたら
もう
買ってあげないよ
恵まれない国の
子供のことを
考えてみなさい
神さまの
バチが当たるよ
いくらしたと
思っているの！

- 「もったいないから捨てちゃダメ」と刷りこまれた観念
- 「捨てた」ことで、罪悪感にさいなまれた自分

- 大人になった今の自分は心に棲む“幼い頃の自分”に
捨ててもいいんだよ、と許可を出してやる。そして、
捨てるとスッキリするんだよというポジティブなイメージを
持たせてやる。

あなたが捨てて
もったいないと思う
ものは？

（　　　　　　　　）

子どものとき、周りから「大事にしなさい」と
よく言われていたものでは？

ごきげんな毎日を生み出す10の断捨離

「要か不要か」「快か不快か」を常に問いながら…

「ねばならない」という思いを捨てる

私たちは誰もが「信念」(ときに"思い込み")という心の設計図を持ち、それに従って生きています。だから「人に好かれなければならない」「自分の意見を優先してはならない」「まだ使えるモノを捨ててはならない」「人より優秀でなければいけない」「親の期待に応えなければならない」といったように「ねばならない」を並べ立ててしまいます。

それが感情的なストレスの原因。

しかし、この信念も、その人の生き方や時代背景に合わず、役に立たなくなったなら、取り替えてもいいのです。そもそも「ねばならない」と思っている時点で、本当はそうしたくないと思っているのですから。

自分がどんな観念に囚われているかに気付き、人生に役立つものへと入れ替えていく。それによって心と体を元気にし、ごきげんに生きていくことを目指しましょう。

悩み解決力を養うトレーニング

私たちは「どうしたらいいでしょう」と他者には問うけれど、「どうしたいのか」と自分に問うことはしません。それが思考のクセなのかもしれません。

問題の対処法を他者に求め、問題の根源を自分に見つけようとしない。私はどうしたいのか、私はどうありたいのか、それを自分で確認、考察することなく、わからないままにして置いていることにさえも気が付かずにいる。そして、他者に解答を求めて彷徨し、どうしたらいいのか、「どうしてくれるのか」と、自分の都合に上手くはまる解答者に出逢うまで、終わることのない悩みの渦に沈みます。

「悩む力」があることは、自分を「探究する力」があるということ。「断捨離」はモノの取捨選択を手始めに、その力のベクトルを常に自分へと向けるトレーニングです。積み重ねていけばきっと自分の悩みの根源があきらかになってきますし、根源がわかれば、自分を悩ます「巨大なモンスター」だって、きっと「ちっちゃな子ウサギ」に変身してしまうはずです。

しがらみを見直して「内在智」のメンテナンスを

第2章では、これからを悔いなく生きるための具体法をご紹介していきます。

それは、「モノ」「人間関係」「情報」「後悔への怖れ」「悩み」「お金の不安」「怒り」「他者への期待」「言い訳」「自分勝手」の10項目の断捨離です。

「断捨離」の目的は**「捨てること」**

ではなく、「選択して自分に大切なものを見つける」こと。歳を重ねていくうちに、さまざまな「しがらみ」を纏い、「今の自分は幸せ？」と問いかけるセンサーが錆びついていきます。そうならないためにもより精度の高いセンサーに磨きかけることが、この章の目的。そのセンサーのことを、断捨離では**内在智**《ないざいち》と呼んでいます。

自分にとってそれは**「要か不要か」**を考えることで「思考」のセンサーが磨かれます。また、自分にとってそれは**「快か不快か」**を考えることで「感覚」のセンサーが磨かれていきます。

「内在智」とは自分自身の命にもともと備わっている智恵なのです。そんな内在智を鈍らせたままではもったいないですよね。

それでは、次項から、それぞれの項目ごとに「内在智」を磨く実践ワークを行っていきましょう。

歳を重ねるごとに心がけたい「10の断捨離」

第2章

自分の体と心の健康を守っていくために欠かせない

「モノ」の断捨離

モノの溜め込みで命を損なう!?

私たちの身の回りは、あると便利だけど、別に無くても困らないモノたちで溢れています。また、限定品やレアアイテムというコピーがついた希少品たちが、使われることなく保管されています。こうした「便利グッズ」「希少品」にはそれなりの価格がついていて、それらに支払った金額が記憶に留まっているため、なかなかそれらを捨てることが出来ずにいます。

そう。**既に必要がなく、好みでもなくなって飽きていたとしても「高かったから」という理由で惜しみ、しがみつくのが私たちの悲しい習性。**そして片づかない、捨てられないと心を悩ませるのです。捨てないからといって、モノが私たちに襲いかかってくるわけでもなく、私たちの命を損なうものでもないということで放っておくけれど、実は、モノを溜め込み堆積させることは、結果、ほこりをも溜め込み、カビ・ダニが浮遊するなかに自分の身を置くことになると考えてみたらどうでしょう。さらには、モノが落下してきたり、モノに躓《つまづ》いたりする危険が高くなった空間に身を置いているとしたら、もうこれらは自分の命を脅かす存在になっていると言ってもいいでしょう。その上、片づかない悩みを恒常的に抱え込んでいるとしたら、不要なモノとは精神的な健康すら奪う存在ではないかと思えてきます。

私がいる部屋は、私の命を損なう環境になってはいないだろうか。

それとも私の命を癒し、どこまでも応援してくれる空間になっているだろうか。

家にいると息苦しい、息が詰まると感じながら、住まいも自分も呼吸不全になってはいないだろうか。自問してみましょう。

溜め込み現象はいたるところで起きる

例えば「モノ」を他の事柄に例えて考えてみたらどうでしょう。

「情報知識の溜め込み」…おびただしく流れ込んでくる情報に振り回されて、詰め込んだ知識は行動に移されることなく頭に詰まっていくばかり。

「気持ちの溜め込み」…表現を怖れ、開示することなく溜め込んできた本当の気持ち。それは誰も自分をわかってくれないという心の鬱積となる。

「身体の中の溜め込み」…食べる一方で、排泄は不完全の苦しい状態。

言うまでもなく**「溜め込み」は生きるうえでのハードル**となるもの。「断捨離」とはこの溜め込みという停滞からの命の快復を目指すための生き方レッスンです。

「モノ断捨離」とは空間を居心地良くすること

ホッと出来る
空間を手に入れて
人生を快適に

目的は

健康・安全
安心・元気
解放感、爽快感
の創造

そして

不健康・危険
不安・不機嫌
閉そく感、停滞感
からの脱出

「モノの断捨離」のプロセス

1. モノと向き合い、無意識・無自覚から意識化を促す
2. モノを絞り込み、思考、感覚、感性を取り戻し磨き抜く
3. モノを捨てて、選択決断力を高める
4. モノを取り除き、空間の停滞と淀みを解消していく
5. モノを減らして、空間に流れを呼び込む
6. モノを代謝させて、空間をよみがえらせていく

やましたひでこの思うこと

断捨離が求めるものは新陳代謝。モノの堆積を取り除き、空間の淀みを解消した結果、流れをよみがえらせて暮らしの、人生の良い変化を促すことです。

つまり、モノがないこと、質素簡素を目的としているわけではないのですね。結果的にそうなるということは応々にしてあるのですが。

Column

「洋服」「食器」「本・書類」「食品」…

断捨離しにくいアイテム

「今の暮らしを見直す」となったとき、家の中でよく目について、そして**断捨離しにくいものの筆頭に挙がるのが「洋服」「食器」「本・書類」「食べ物のストック」**です。

どうしてそれらが手に負えない存在となっているのかひとつずつ考えてみましょう。

着ない服は、やまほど、着たい服は、ほぼゼロ

季節の変わり目にもなると、「着る服が無い」と思いますよね。でも、これを正確に言い直すと「着たい服は無い、でも着たくない服はクローゼットにいっぱいある」ということではないでしょうか。着たくない服を抱え込んでしまう理由の筆頭としては「もったいない」という気持ちがあります。

なぜ「もったいない」と思うのか。それは、買った時の値段（そのときの商品価値）に思考が向くからです。今は着ていないから使用頻度はゼロ、商品価値はゼロのはずなのに、**購入したときは高価だった、傷んでいないし将来着る機会があるかも、と思うから捨てにくい**のです。思考は過去や未来を行ったり来たりするものですが、焦点を合わせる時間軸は常に「現在」にする。そうすれば思考を彷徨わせるエネルギーを、すべて「今」に集中することができるし、そうなると私たちは気分良く、パワフルな状態をキープ出来ます。今着ていない、着たくない服ならば処分するというように「今」どうしたいかにだけ集中するのです。

洋服の断捨離については、性格のタイプ別に悩みがわかれます。洋服がありすぎて家の中はぐちゃぐちゃな状態が展開されている、いわゆる「やっかいなことは先送り」の人が陥りやすい「片づけられない」悩みです。

次に「几帳面タイプの人の悩み」。洋服がありすぎるのは前出のタイプと一緒なのですが、きちんと収納することに時間と労力を注ぎすぎてしまい、疲れてしまっているのです。収納好きな人に多いのも特徴。「捨てる」ことをせず溜め込みはそのままに、整頓だけに気を向けているので、「必要なモノは何？」という基本的な問題解決が出来ていないことがあります。

どちらのタイプであっても実行して欲しいのが**「自分は洋服に何を求めているのか」**という問いかけです。洋服とは皮膚の次に自分に近いもので、いろいろな重要な役割を提供してくれているアイテム。**自分はこの服を身に纏うことで何を誇示し、何を隠そうとしているのか。**もしかして怖れや防衛、見栄といったものは無いのか？ そして、洋服でどんな自分を演出しようかということを戦略的に愉しみ、洋服を人生の味方に出来たらいいな、と私は思うのです。

洋服は買った瞬間が、もっとも鮮度が高いアイテムです。特に女性は、「しばらくは服を買うのを止めようと思っていたのに、またやってしまった！」と衝動買いしてしまった自分に落ち込んでしまうことがあります。しかし、気分転換しようとした自分を認めてあげることも大切。ですから、衝動買いしてしまった服は仕舞い込んだりせず、着倒すつもりでヘビーローテーションさせましょう。「こんなに活躍する服を私は選んで買ったのだ」と気持ち良く着ればいいだけのことなのですね。

ブランドにもこだわることもなく、自分が好きになったという気持ちを最優先にして、心が浮き立つ服を身に纏いましょう。

私は、こう思うのです。

口に入れる食べ物で体が
耳に入れる音で心が
身に纏うモノでセンスが、
作られるのだと。

すなわち、洋服に無頓着であるということは男女関わらず人生に無頓着であるということ。

洋服を愉しむことは生きることを愉しむことにほかならないと思うのです。

あなたへの問い

クローゼットの前に立ち、洋服を見回してみてください。

そこにある洋服たちは、あなたにとってどんな存在ですか？　何を求めていますか？　なりたい自分、送りたい人生を後押ししてくれる存在ですか？

あなたにとって既に「味方」ではない洋服は、もうかつてのお役目は全うした「終わった関係」なのです。

「食器」は自らの命を補気してくれるもの

食器というのは、いつのまにか増えてしまいますよね。欠けたり割れたりしない限り、また引越しなどで大きく見直す機会がない限りは処分の対象にはならないもの。センスが合わないのに「せっかくのもらいもの」だからととっておいてあるものもあれば、高いブランド食器だからといって使いこなせず死蔵品となっているものもあります。

ここでも見直したいのが、**「食器とは自分にとってどんな存在なのか」**ということです。

料理を盛り付けるだけのものなのでは？　と思うかもしれませんが、私は「自分の命に近い存在」という認識でいます。食物は私たちの体の源となりますが、**器は食物のエネルギーを更に高めてくれる存在**なのです。器に合った料理が、見た目にも美しく盛り付けられたものを頂くと、自分の命が喜んでいる気がします。料理がのった器ごと私たちは生きるエネルギーを〝補気〟していると考えられないでしょうか。器など気にせず単に食物を食べるだけであったら、「餌」にしかならないと思うのです。

Column

そう考えると、自分にとって食器選びや食器づかいを侮ることは出来ません。料理に心を配るのと同じレベルで食器にも心を配れば、より健康にエネルギッシュに人生を生きることが出来るはずです。

食器を丁寧に扱うことは、命を丁寧に手入れすることにもつながります。たった一食であっても「ま、いいか」と済ましたりせず、自分をもてなして気分のいい食事をとる。そういった積み重ねが、人生をゆたかに送るということなのだと思います。

あなたへの問い

食器棚を見渡してみましょう。そこにある総量が、あきらかに「多すぎる」と感じる場合、不要なモノをまずは減らしてみてください。その次に行うことは、手元に置いておきたい食器をひとつずつ書き出してみること。

その食器はどういったシチュエーションで、どういった頻度で使いますか？

その問いを続けるうちに、さらに総量が減るでしょう。

最後に残った食器たちに問うのは「これらの食器を使うたびに自分の命を輝かせることが出来るのか」の一点。

おわかりですね。そうやって選び抜いた食器こそあなたには必要です。

本、書類は「自分はこういう人間と見られたい」ことの映し

モノを溜め込む理由に、「承認欲求」があります。**「自分ってこうなの、見て！」という気持ちをモノに投影する**のです。洋服をたくさん買ってしまうのも「こんな服を着て素敵な自分を見て欲しい」という承認欲求。もっと見て欲しいという思いが強いから、自分を装うモノを次々と手に入れてしまうのです。

実は家で散らかっている「紙系のモノ」も同類。例えば

「資料」とは、情報をいっぱい持っている私。

「書類」とは、仕事をがんばっている私。

「本」とは、知識をたくさん持っている私。

どうでしょう。だからきっぱりと捨てきれないのですね。こうした「紙系のモノ」に限らないことですが、**溜め込んでいるものに何が象徴化されているのか**を考えてみる習慣をつけましょう。そこに気付かない限り、いつまでも捨てられないし、捨てられないということに悩むという悪循環が起きてしまいます。逆に、捨てることの阻害要因が何かを突き詰めていければ、対処法も見つかるはずです。

あなたへの問い

家の中で「捨てられない」紙系のモノを思い浮かべてみましょう。それらが「捨てられない」のは何故でしょう。

本当に保存しておくべきものは一部のはずです。

それ以外のモノで、「捨てたいのに捨てられないもの」をリストアップしていきましょう。

　それらはあなたの承認欲求を映し出しているかもしれません。

冷蔵庫の中は要塞？　食べ物を溜め込む本質

　年配者の場合、冷蔵庫にモノをやたらと詰め込んでいるというケースがよくあります。賞味期限が切れていたりカビが生えていたりするにも関わらず、本人は捨てない。どうして捨てないのだろう、どうして次から次へと買って腐らすのだろう。そんな問いかけをしても、当の本人からは「放っておいてよ！」と言われるのが関の山だったりします。

　それもすごい剣幕で。

　冷蔵庫の整理が出来ない高齢者は、未来のあなた自身かもしれません。それとも既に「自分はその傾向がある」と思う人もいるかもしれませんね。

　この場合、背景にあるのは「防衛防御」の気持ち。過去、モノがなかなか自由に買えない時代を経験している人は、その時代への「トラウマ」があります。だからいつもストックをたっぷり持って、私自身の命を守らねばという防衛防御が働くのです。それは本人が心の奥底で抱えている不安ですが、もしかすると本人さえ気付いていないかもしれません。

　冷蔵庫のごちゃごちゃした中身も、本人にとっては「自分を不安感から守る要塞」なのです。ドカドカと踏み込めば、相手から徹底的に反撃されることは容易に想像されるはず。もしあなたの家族に思い当たる人がいるなら（ご自身も含め）、溜め込んでいる理由に気付くことが、解決への道です。

あなたへの問い

あなたにとって冷蔵庫とはどんな存在でしょう。

もし、冷蔵庫が無くなったらどんな気持ちがしますか？　そして、それは何故でしょう。

冷蔵庫は、ゆたかさの象徴―そんな気持ちはどこかにありませんか？　また、それは何故でしょう。

第2章

付き合いを取捨選択してゆたかな生き方を！

「人間関係」の断捨離

「あの人が苦手」の原因にまずは気づくこと

多くの人が抱えている悩み、それは「人間関係」。

自分は人付き合いが上手くない、という「人付き合い全体」への悩みもあれば、何故自分はあの人と上手くやっていけないのだろう、という「個別」の悩みもあります。

人間関係のしがらみを断ち切って自分らしく生きる—それは人生の後半これからをより快適に過ごすためのポイントです。

そこでお薦めしているのが**「悩みをつぶさに観察する」**、そして**「人付き合いを仕分ける」**の2ステップの考察。

自分が苦手だと思う相手を「何故」苦手だと思うのか。性格が合わないといった理由のほかに、相手が自分をわかってくれないという不満や、自分にないものを持っていることへの嫉妬といった感情がある場合もあります。

さらに、そんな苦手な相手と付き合っていく必要があるのかどうかを見極めていきます。

相手からいい人と思われたい、嫌われたくないという思いから、関係を断ち切ることが出来ず続けている人間関係はないでしょうか？

その人たちとの関係性と「関係性の変化」に意識を払って思考していきます。

人間関係の整理でストレスを減らす

歳を重ねていくと、若いころのように多くの出逢いはないかもしれません。

ひとりきりになってしまうことへの不安も増すことでしょう。長く関わった人間関係を手放すのは勇気がいることです。

けれど、もしも自分に多くの時間が残されていないのだとしたら、その時間は本当に心を許せる人達に囲まれて過ごしたいと、誰もが願うのではないでしょうか。

あなたが一緒にいて快適な人は誰でしょう。そしてそれは、どんなシチュエーションでしょう。その人達と、これからどのように付き合いを深めたいと思いますか。思いつくままに書き出してみましょう。左のシートは、まさに人間関係の棚卸しメモ。「要・不要」「快・不快」という自分の感情に素直になって書き出すことで、抱えている問題が整理されていきます。

ちなみに、私にとって避けたい、困った存在の人は、電話がかかってきた瞬間、「えっ、またかかって来た」と出ることを躊躇する人。心はとても正直なので、一瞬の反応で自分の本音がわかります。

他人に振り回されず、自分が誰とどう付き合いたいか。そこをしっかりと踏まえた生き方を選択していきたいですね。

一緒にいて「心地良い人」「悪い人」のリストアップ

心地良い人とは…

- 会うのが楽しみ
- 自分らしくいられてラク
- 思ったことをストレートに言える
- 会ったあとに元気になれる

「心地良い」「悪い」それぞれに思い浮かぶ人は誰？　それは何故？
これからその人たちとどのように付き合っていきたい？

心地良い人とは、パワーをもらえる大切な相手。
会う頻度、話す頻度を意識的に増やして、
これからの人生をより愉しい気持ち、ラクな気分で過ごそう。

やました ひでこ の思うこと

「不快な人」といると自分のエネルギーが奪われてしまうことがありますよね。その人たちとの距離感はあくまで適度に、「心地良い人」との会う時間、話す時間を増やしたいもの。たとえ、しょっちゅう会えない相手であっても自分の人生をゆたかにしてくれる人たちなのでコンタクトを欠かさず、長いお付き合いを心がけたいものですね。

Column

「捨てられない私」は「捨てられたくない私」である

講演会での質疑応答コーナーで、思いがけずこんな質問を投げかけられました。

「今まで断捨離したモノのなかで一番大変だったものは？」

一瞬の戸惑いと回想が頭のなかを駆け巡り3秒後に出たのがこれ。

「そうですね、それはモノではなく人間関係でしたね」。

人間関係の断捨離は、きっと誰もが感じて思い当たることなのでしょう。質問者さんの表情と会場内のどよめきで、そう感じました。

私にとっては15年以上も親交があった人、しかも学んでいたことの師でもあった人。

けれど当初の親交が時間の経過とともに、何とも違和感を覚える自分がいました。師の言動や態度、思想的な価値基準に対し、だんだんと疑問が生じてきているにもかかわらず、認めてはいけないというような気がしていました。付き合いも長いし、悪い人ではないし、何といってもこれまでたくさん教えてきてくれた恩人なのだから―自分にそう言い聞かせてみてはいたものの、違和感は大きくなるばかり。

私は何を怖れているのだろう。その人との15年の歳月を否定することになる？　せっかく学んできたことを否定することになる？　そんなことを思い悩むなか、師の前に出ると胸が痛くなってくるという、身体の苦痛となって限界が露呈してきました。その結果、師のほうから突然破門を言い渡されるという展開と結末に。

師は私のなかに既に師に対するリスペクトが無いことを敏感に感じ取っていたのでしょう。互いの無意識の領域での否定的な「気」のキャッチボール。私が知らずに投げ出し続けていた乱暴なボールに、師は怒りのボールを投げ返してきたのでした。

そして、人間関係が切れた後も、自分のなかで負の気持ちがわだかまり続け、2年かかってようやくそれらから解放されたのでした。

私の場合は師弟関係でしたが、「違和感を感じる相手」には、たとえ年賀状やメールのやりとりでさえ、ストレスを感じる場合があります。

これが切るに切れない親しい友人や恋愛関係、夫婦や親子関係となれば、よりいっそう難儀な課題でしょう。

人間関係の課題からの卒業は、楽ちんな場合もあれば、大変な苦労が伴う場合もあります。

けれど。

こうやって、私たちはたくましくなっていくのかしらと思うのです。

他者との関係性以上にこじれやすいのが家族関係

人間関係の悩みを語る上で外せ

ないのが、家族関係。なかでも「親子」の問題、さらに言うなら「母子」の問題です。「親は子を慈しむもの」で「子は親を慕うもの」だという観念を、自分たちに当てはめて苦しんでいる人たちのなんと多いことでしょう。「幻想」を自分たちに当てはめて、現実との「乖離」に苦しんでいる人が……。

しかし、こうも思うのです。

親も、子も人間。愛する時もあれば憎む時もあり、慈しむ場合もあれば蔑む場合もある。称賛するときもあれば、嫉妬を覚える場合もある。それが、親子の間に起こることもある、だからお互い様のことなのだと。

そういった人間同士が、たまたまの偶然で、まるで何かにはかられたごとくの深い縁で親子関係を結んでいるのが、私たちのこの世なのです。だから、親子関係に焦点を当てる前に「ひとつの人間関係」として俯瞰して考察する位置に自分を置いてみるのです。

断ち切りたい人間関係があっても、そうしてしまうとその人を見捨てるようで怖い――。親子関係に特有な心理ですが、よく考えてみると、こうも言えるのですね。「捨てられない私」は「捨てられたくない私」であると。**捨てる怖れと捨てられる怖れ。ふたつの怖れがブレーキとなり断ち切れない**のだと。

だから動けないし、苦しい。そう、ブレーキの正体は怖れなのです。その怖れはどこからやってきたのでしょう？　どのくらいのものなのでしょう？　例えば小さい頃の親との否定的な関係であったり、その後に積み重ねた喪失体験だったりと、きっといろいろでしょう。出口が見えないまま心に棲みついている怖れに対し、私たち自らが養分を与えてモンスターに仕立ててしまったりということもあるでしょう。

断られることの恐怖、捨てられることの恐怖。それは私たちが誰しも持つもので、死ぬまで付き合っていく感情です。

たとえ「捨てた」としても自分が「棄てられる」わけではない。きっと怖れている程のことは起こらない。

そんな経験を積んでいければ、捨てることが怖くなくなります。

出口（捨）を開ければ怖れは流れ出て小さくなり、入口（断）を閉じれば怖れはこれ以上大きく育つこともないのです。

親子関係のバトルの渦中に沈んで消耗し合うのではなく、**「関係性を俯瞰する」という程よい距離感で互いに存在し合う**というのもあっていいと思うのです。

第2章

「情報」の断捨離

大量の情報に振り回されて時間をムダにしない

必要な情報は自然と得られる

テレビ、パソコン、新聞。実は、私自身はほとんど見ていません。以前なら携帯やPCトラブルは死活問題だったし、メディアからのニュース情報は教養人として欠いてはならない要素、という思い込みがありました。現在では、通信や情報を否定する気はありませんが、言ってみれば情報や知識獲得への「焦燥感」が無くなったのです。「今の自分に本当に必要な情報、知識であれば、何等かの形でもたらされるに違いない」という「自分への信頼感」が増してきた、ということなのかもしれません。

おそらく私たちは、**日常で必要な情報をキャッチできるように無意識にアンテナを張っています。**

しかし、そのアンテナは大量の情報があれば、逆に感度を失ってしまいます。一見、情報が多いほどお得な情報を得られそうに思いますが、逆に見失ってしまう本当に大事な情報があると思うのです。

特にタダの情報には要注意。

知らなきゃ損をするという刷り込みを与えられ、少しでも安いモノをと願い、結局、数時間ものネットサーフィンを行うことになるようでは、その間に失った時間の価値はどうなのでしょう。

情報との付き合い方は歳を重ねるほどに慎重になりたいもの。**人生の貴重な時間を奪われないよう、ときに遮断してみる**ことが大切です。

不必要な情報で心を曇らせない

情報や知識を貪欲に得ようとしない今の私の状況は、かつて私のなかにあった、知識人への憧れも霧消したということでもあります。

これは「知識人、常識人と思われたい」と思っていた「他人の目を気にする私」が、いつのまにか自分からいなくなったということ。

何故、私たちはいつも情報や知識を得ようと思うのか。見栄やプライドため？　日々の惰性？　などと自問自答したいものです。

SNSやブログも、情報収集や情報発信のツール。けれど、最近多いのが自分と他者とを比べて落ち込んでしまうという例。自分よりがんばっている人のブログや、すてきな暮らしぶりなどを見て「私ってダメかも」と思ってしまう。そんなことならサイトを見なければいいのに、何故か定期的にチェックしてしまうという、病に似た習慣性。他人が垂れ流す情報で心を曇らせてしまうなんて、時間もエネルギーももったいないことの極みだと思うのですが。

人生の残り時間は、必要な情報だけを取り入れて過ごしたい。**情報経路の整理と遮断で、心が安らぐ**ことを感じられるでしょう。

歳を重ねるほどに「情報」にまどわされない！

普通に生きているだけで、どこからともなく大量の情報が入ってくる時代。「情報を見分ける力」は自分でつけていかなければ！

情報洪水の中でおぼれてしまうと…

- 新しいものを常に欲しがる
- 「〜べき」「〜ねば」と考えがちになる
- 「きっと〜そうなる」と思い込む
- 他者が気になって仕方がなくなる
- 「私は間違っていないだろうか」と確認したくなる
- 「私はこうである」と誰かに承認を求めたくなる

多くの情報を得るほど、より不安に。
不安になるから、もっと情報が欲しいと思う循環へ

自分の情報源を書き出す

テレビ	よく見る番組	それは何故？
ラジオ	よく聴く番組	それは何故？
インターネット	よくチェックするサイト	それは何故？
その他（新聞、友人からの情報etc.）		

そこから得られている情報は、本当に必要なもの？
自分の不安をあおる有毒要素が潜んでいないかどうか、をチェック。

第2章

未来の「やらなきゃよかった」より、今の「やってよかった」を重視

「後悔への怖れ」の断捨離

思考が先か行動が先か

セミナーの生徒さんからこんな質問がありました。

「よく考えてから行動に移す」のか、「行動してから考える」のか、どちらがいいのでしょうか、と。

常識的な立場をとると、後で後悔することのないようにじっくりと考えてから行動する……ということになるのでしょうか。

きっと一番大事なのは、**自分の焦点がどこにあるかに気付く**ということです。**後悔しないようにと考えた時点で、未来にある後悔に焦点を合わせている**自分が、今、ここにいるのですね。まだ来ぬ未来の「困る」「残念」の集積にはまってしまえば、どんなに思考しても、行動には移りません。

後悔しないようにという思考は、後悔ばかりする場面を想定思考することでもあるからです。後悔するという思考の枠のなかで思考を繰り返すだけなのです。

私たちは何であれ、後悔するものです。

右に行けば左に行かなかったことを悔やみ、上を選べば下を選ばなかったことを悔やみ、捨てたら捨ててしまったことを、捨てなかったら捨てなかったことを悔やみます。

目の前のことに思考の焦点を合わせない限り、後悔といつも同居することになるのです。

捨てることで、今の生活がどれほど晴れやかな気持ちになり、快適になるだろうかという「陽」に焦点を当てるのか。

捨てることで、未来がどれほど不便となり悔やむことになるだろうという「陰」に焦点を当てるのか。

これはつまり、自分の思考は希望と後悔の、どちらに焦点を当てるのかということなのです。希望に当てていれば、後悔という感情は自然に手離れていくものです。

後悔より、希望を。

未来より今を。

その思考を強めていくレッスンが「断捨離」であり、日常での問いかけと実践のなかで行っていこうとするものです。

こんな考え方もあります。

後悔と希望は1セット。一見、後悔をするようなことが起こったとしても、その後には、心に希望が沸くような、思わぬ神様からのプレゼントもある、後悔を怖れることはないし、すべては予定どおりのことなのだ。

ならば「今」したいことを優先させても、何ら問題はないのだと。

そう。

何が本当に後悔すべきことなのかは、実は一生を過ごしてみてこそ、わかることかも知れません。

断捨離と「後悔」の関係

断捨離を行ったがゆえに「捨てなければよかった」と後悔する人がいます。後悔したくないから断捨離はしたくないのだという人もいます。ならば、このように考えてみてはどうでしょう。

1 買い直すのに必要なお金は「預け賃」

一度捨ててしまってまた欲しいなら買い直せばいい。捨てることに抵抗があったとしても買い直せるものは捨てる。

2 思い出は「心の中に残る」

捨てて目の前からなくなったとしても心の中にはストックされている。心の中にならいくらでも詰め込める。モノより思い出。

3 スッキリ効果は「捨てなければ得られない」

たとえ後悔しても「スッキリして気分良くなった」ことが重要。気分が良くなったことのメリットに焦点を当てよう。

最近、断捨離をして「後悔」したモノ、コトはありますか？
同時に「得られたメリット」はありますか？　その結果、どちらを重視しますか。

やましたひでこの思うこと

選択行動した結果、「得られた結果」に目が行くのか「後悔」に目がいくのか。物事の見方はコインの裏表。そこに心をかき回されたくないのならそれ以前に選択行動しないという選択も、もちろんあるのです。つまり、「断捨離しない」、という判断をしていいのですよ、自分を困らせストレスをためるくらいなら―とアドバイスすることもあります。

「悩み」の断捨離

「今、ここ、私」に焦点を合わせて「出来ること」を探す

生きているからこその不安や悩み

ノンフィクション作家の石井光太さんの著作に『遺体―震災、津波の果てに』（新潮社）があります。東日本大震災で多くの犠牲者が収容された遺体安置所でのルポルタージュです。そのなかのエピソードで、心に残っているものをご紹介します。

「遺体の身元確認のためになされる歯型の確認。遺体は口は死後硬直のために固く閉ざされたまま、何とか開くことが出来てその隙間はわずか2ミリ程度。その2ミリの隙間から詰まりきった汚泥を掻き出さなくてはならず、しかも洗い流すために使える水は断水のため川から汲んできたペットボトルの水のみ。そうやってやっとの思いで取り除いた口腔内の汚泥も遺体の顔が少しでも傾くと、胸や胃の内容物が逆流してまた口の中は汚泥でいっぱいとなる。その繰り返しは果てしなく、気が遠くなるほどの壮絶な作業。水も電気も断たれたなか、道具も十分に確保されていないなか、あるのは冷たくて震えるような寒さだけ…」。

私は石井さんご自身にお会いすることがあって、直接このお話を聞いたのですが、心に浮かんだのはこんなことでした。

片づけられない悩み、捨てられない悩み。あまりにもモノがたくさんあって、自分ひとりではどうにもならないという悩み。もし、そんな悩みで自分が立ち往生しているとしたら、**どんなに恵まれた悩み**であることだろう、と。

悩んでいる私たちは生きています。**生きているから悩んでいられるのですね**。片づけられないと悩んでいる場合ではない、**ただ行動するだけ**なのだと思ったのです。

その時に命を輝かす考え方は「今、ここ、私」。そしてそれを愉しむべく行動するということ。

しかし、**私たちは行動することがとにかく苦手**なのです。何故なら、私たちには行動を起こそうとしたとき、「出来ない探し」を始めるというクセがあるからです。

つまり、望む結果に焦点を合わせると、その結果が出せないことを怖れ始めるのです。失敗を恐れるが故に、その行動を起こさなくても済む理由を数え上げ出す。

けれど、同時にこんな癖も持っているのです。**楽しい状態に焦点を合わせると、「出来ること探し」を始める**。出来ることを探すマインドは、たくさんの悪条件の中にあっても小さな着手点を見つけ出し、行動へと自分を誘います。

行動によってもたらされる「結果」ではなく、それに思いを馳せている「今」の心の「状態」を愉しんだとき、私たちの理性も感情も行動も見事に一致し、立ち尽くすことはなくなるのです。

断捨離式・悩みのマインドマップ

思いついたままをとにかくすべて書き出します
そうすることでどうにもならないと思っていた悩みを一括収集し、「悩みという荷物」として視覚化します。その荷物には「どんなもの（苦しみの原因）」があり「どのくらいの量（苦しみの度合い）」なのか、を把握します。次はその荷物を1つずつ断捨離していくステップへと進みます。

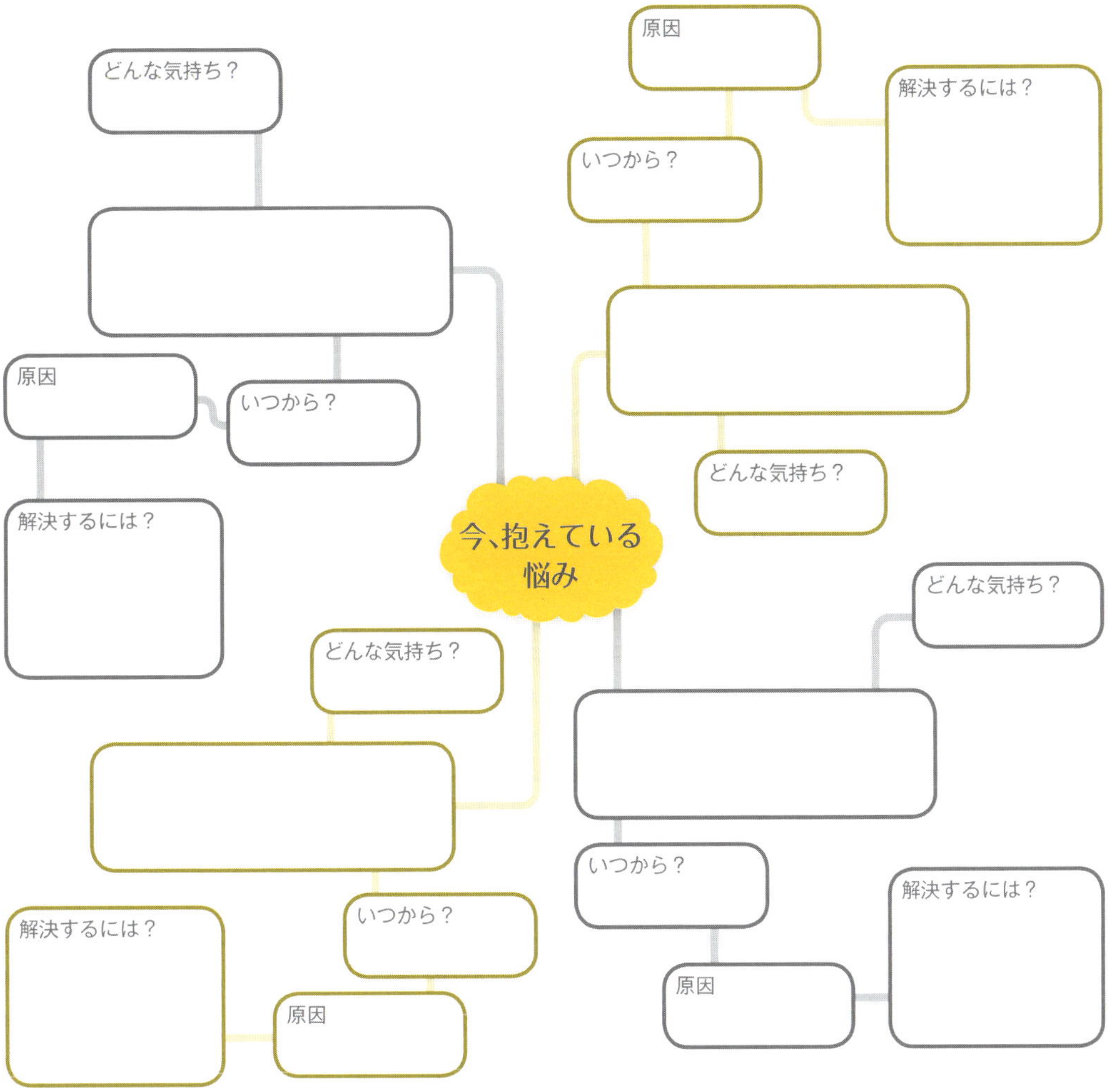

やましたひでこの思うこと

悩みというのは実態をつかみにくいモヤモヤしたもの。それをいもづる式に次々と思い出し、全体俯瞰するための心の地図といったものがこちら。心の整理に役立つので、「悩み」のほか「アイデア」や「やりたいこと」、「しなくてはいけないこと」の洗い出しにも便利。マップを書きながら、自分が選択すること、行動を起こすこと、様子見をすることなどの対処法を見極めていき、問題解決への足がかりとします。

第2章

モノは使ってこそ、お金はもっと使ってこそ

「お金の不安」の断捨離

手に入らないという感覚があるがゆえに、いつも不安

「自分にはお金が無いから、何でもかんでもモノを溜め込んでしまうんです」。私のセミナーの生徒さんの言葉です。誰にでも、将来お金に困らないという保障はありません。お金持ちの人でも「いつかお金が入ってこなくなるのではないか」という不安を抱いています。お金の不安とは、持つものと持たざるものとに関わらず、いつまでも尽きることのない厄介なもの。それは「未来の保障」に焦点を当てているからなのです。

無いことを考えると、誰でも不安になります。そんなときは「今、どれだけのものを持っているか」という「現在」に視点を戻す必要があります。たとえ今貧乏であっても、生きているということはそれなりにお金の流れがあり、生存出来ているということの証明です。

私たちは備えあれば憂いなし、と教わっていますが、備えるから憂うのかもしれません。

自分への信頼感があれば不安にならない

お金をただ貯めることに意味はありません。お金を貯めているつもりが、実は不安を溜めていることも。

そもそも、何故お金の不安が沸くのでしょう。

実はモノを溜め込むことと根っこは同じです。**自分に自信が無いから、手元にないと不安**なのです。

自分の住空間に不安が詰まっている状態が、モノを溜め込んでいるということであり、自分の未来に不安が詰まっている状態が、お金の溜め込みということなのです。

私たちにとって健全な思考である絶対条件は、流れの中に身を置くということ。つまり新陳代謝していることなのですが、不安によって溜め込みが加速すると、「あってもあっても不安が解消されない」という状況に陥ります。

食べ物も体に入って流れて、排泄されます。お金も食べ物も同様にエネルギーであり、入って出ていくと、出たら入ってくるという循環が大切。自分に自信が持てなくて「お金がもっとあれば他者は優しくしてくれるのではないか」という期待が働いているからお金が無いと不安なのです。そうではなく、お金がなくても私は生きていける、お金がなくても、助けてくれる他者がいるだろうという、**自己と他者への肯定感**があれば、過剰な貯め込みに走らなくて済みます。不安で溜め込んで、お金にしがみついているときにこそ、行動を起こして手放していくのです。

モノは使ってこそ。お金だって使ってこそ、なのです。

幸せはお金のあるなしではない

不安にしがみついている自分をリリースするためには、日常のちいさな訓練が効果的です。

　これはとても簡単なこと。相手にありがとうという気持ちでお金を払うのです。それもコンビニやファーストフードなどで少額な買い物をした時こそ、相手の目を見てにっこり笑って「ありがとう」と言います。

　相手がどういうリアクションをしようと（ちょっとびっくりされることもあるでしょうが）、行動します。そのときに〝自尊感情〟を持つことが大切です。お金を使うということは、すなわち社会貢献をしていることであり、今持っているお金はたとえ少なくても、日々消費活動をしてお金を払える立場の自分というのは有り難いことではないか。そういう気付きを持って生活していくことです。

　自分は商品を受け取れて嬉しい気持ちになり、相手は金銭的に潤う。今、自分はお金を使って貢献をして、社会を循環させているのだと感じながら消費活動をしてみましょう。そうすると「また、高い請求書が来た！」とか「お金を取られてしまう！」という感覚ではなくなります。

　「良い気持ちを乗せてお金を払う」ことができれば、自分のところへも良い気持ちが乗ったお金やモノが回ってきます。

　そして、「お金を払える、貢献できる自分の存在が有り難い」という気持ちになれれば、これまで持っていたお金に対しての「私にはお金が無い、お金が足りない、お金に将来困らないか不安だ」というネガティブなセルフイメージが変わってくるのです。使える額が大きいとか、持っている額が少ないということに焦点を当てるのではなく、**お金を使うことによって自分にもたらされる幸せや、自分がお金を通じて貢献できることへの信頼に焦点を当てる**。そうするとお金に対してのポジティブなアプローチが出来てくるのです。

　もちろん、貢献ということでいえば、お金を払うことだけが他者への貢献ではありません。

　例えば仏教では「無財の七施」といって、優しいまなざし、優しい言葉、体を動かして手伝う、心配りをする、なごんだ顔つきで微笑みかける、席を譲る、自分の家を居心地良い空間として提供するなどを説いています。

　相手や社会に貢献出来る自分が、今、ここに生きていることの有り難さ。そこに感謝できる自分がいるのかどうか。そうしたことに気付けるかどうか。「お金」への視点を不足、不安から離すことで、お金に対しての悩みの「質」が変化していくことでしょう。

Column

「仕事」や「家族」、「介護」について見直して
セカンドライフこそ冒険を

充実感を得る「仕事」を見つける

男性に限らず女性も働き続けている人が増えましたが、リタイア後は燃え尽きて、何をしたらよいのかわからないというケースも多いようです。たしかに、会社勤めをしていたころのストレスからは解放されるのでしょうが、そのストレスや忙しさというのは周囲から自分が必要とされているという存在意義でもあったのですから、急に手持ち無沙汰になってしまう状況はよくわかります。なかには、リタイアに向けて着々と準備をし、旅行や田舎への移住といったセカンドライフの夢を叶えている人たちもいるようですが、どこでどんな生活をしようと、将来への不安がまったくないという人はいないでしょう。

そんな思いを断捨離するには「仕事」をしてみるのが効果的です。仕事、といっても労働や職業に就くということではありません。例えば、多くの女性たちが日々こなしている家事仕事。外から稼ぎが入ってくる仕事ではないけれど、日常生活を営み、生きていくには欠かせない仕事です。**経済活動には直接関わっているとは思えなくても、命を育む仕事こそが人生の晩年をゆたかにしてくれる**のではないかと思います。

家の中の片づけは、何より自分や家族の健康を守るための環境づくりという立派な仕事です。選択決断を伴う思考の活性化につながりますし、身体を動かせばネガティブな思考も寄り付くスキもなくなります。

躊躇しないで、思索と行動 自立や自由もついてくる

「断捨離したいもの」というアンケートの問いに「夫」が上位にあがってきたときには驚きました。何となく想像してはいたものの、これほどまでに多くの妻たちが夫との関係性を「断ちたい」と思っているのだなんて。

具体的に「断捨離アクション」を起こそうと画策している人たちも大勢いるようです。しかし、ネックとなるのが「夫と別れて自立したいけれど、経済的にやっていけるか」ということ。そして、「こんなふうに決断できないまま時間が過ぎるのがとても嫌なのだが、どうしたらいいのだろう」という悩みを抱えている――。

私はこう考えるのです。

一緒にいたくないモノや人間と共に過ごすのは、自分の人生を無駄にすることではないだろうか。夫だって嫌な思いをし、自分だって嫌な思いをする。そこに建設的な時間は流れるのだろうかと。

最初はいい関係であっても、関係性は時と共に変化します。それ

はある意味、仕方がないことで、どちらが悪いのかということを突き詰めていっても意味がありません。事実は、「関係性が変わった」ということで、後はそれをどう考えるかです。「きっと将来、良い関係に戻れる」という期待があれば、それを待つのも一案だと思いますが、「私はこの人と一緒にいても幸せだと感じられない」という現実を何より重視するのであれば、「では自分はどうしたいのか」という気持ちに沿って動けばよいのですね。

たとえ離婚という結論になっても、そこに待つのは自分が想像するような「お金に苦労する自分」だけでしょうか。まるで自分が入れ替わったかのようなすがすがしい気分を得られ、精神的な自立を手に入れられれば、経済の自立を手に入れることも可能だと思うのです。

「介護する・されるが当たり前」という思い込み

急激な高齢化社会を迎えている日本には大勢の高齢者がいて、私たちは世話したり、世話されたりするようになるわけです。私自身も、私の周囲の多くの人たちも、実際に親の介護をしている方が大勢います。やっと子どもたちが独り立ちして、これから自分のセカンドライフを満喫しようというときに介護という役割が待っていた──。いろいろな声をお聞きし、自分自身の経験を思いながら考えることは、介護という言葉のとらえ直しをしてみてはどうかということです。

介護とは、他者に介在し、護るということ。そう、介護という言葉の意味は、あくまでも行動する主体は、「自分」。けれど、やらされていると思うとなおのこと、介護はやっかいでめんどうで辛いことになってしまいます。

介護とは自分が主体の行動であり、やらなければいけないという「思い込み」を持っているのはあくまでも自分です。

例えば「敬老」という言葉。でも、老人を敬うというのは誰が決めたことなのでしょう。

もしかして、そうしなければいけないという刷り込みや思い込みがあるのではないでしょうか。

こんなふうに、**思考の枠を一度外した時、見えてくる景色が違ってくる**かもしれません。さらにそこには、自分がシニアになったときに「敬われて当然」という「思い込み」もあるのではないか、という気付きも出てくるのですね。

「私も介護してあげたのだから、歳をとったら介護されて当然」。そんな思い込みや押し付けで過ごすと、勘違いばかりの齟齬が生じてしまうかもしれません。

身内の介護を身内に背負うのも、自分自身の介護を身内に背負わせるのも、自分自身の選択決断。そこにどの程度、焦点を当てられるか、あるいは当てられないのか。当てられないとしたら、どう行動するのか。どうやって介護を他者に委ねていくのかを視野に入れて選択決断をしていくことになります。

そして、超高齢化に直面している私たちが、何より心に留めておきたいことは、米国の心理学者の次の言葉に集約されています。

「われわれの文化の中の、たくさんの自己達成予言のうち、もっとも有害なものはおそらく、年を取ることが衰退と病弱をもたらすという、思い込みだろう」(マリリン・ファーガソン)

思い込みという足枷の中に生きている私たち。どうやって自分を解き放っていきましょうか。

第2章

「怒りの感情」の断捨離

無理に消そうとするのではなく、「パターン」を見つけて対処

価値観の点検、検証で怒りは減らせる

いつも怒ってばかりいる自分を何とかしたい、そう思ったことはないでしょうか。でも無理に怒りを消す必要などありませんし、そもそも消せるものではないのです。

喜怒哀楽というのは、人間に備わった感情で、感情とは自然に沸き起こるもの。そして感情というものに対して「よい」「悪い」とジャッジすることすらも意味がないことです。感情とは「げっぷ」のような肉体現象だから、あって当たり前なのですね。

ならば、怒りの感情は対処しようのないものかというと、そうではありません。まずは、**怒りの渦に巻き込まれている自分を考察し**てみましょう。

多くの場合、人は「自分が期待することを、期待する相手が、期待通りにやってくれない」ことに対して怒ります。つまり、**怒りは自分の「～べきである」という価値観が生み出した感情**でもあるのです。その自分の怒りを鎮めるために相手を攻撃し、相手も攻撃を返してくるのです。

感情は自分に起きているのにも関わらず、自分のコントロールしがたい感情はすべて他者のせいだと思い込んでしまう。たしかに、怒りを覚えるのは自然なことではあるけれど、それでイライラしているのは自分の「在り様」です。だから自分はどういった場面でどういったことにいらつきやすいのだろうかと考察し、怒りのパターンを見つけてみることが大切。

パターンが見つかれば、どう問題へアプローチすればいいのかが見えてくるはずです。

もっと私を理解しての裏返しで「怒る」

「せっかく食事を用意したのに、帰りが遅い夫」に怒る場合、その根本には「もっと私といっしょにいて欲しい、淋しい…」という気持ちがあります。世に多いクレーマーも「自分の話を聞いて!」のアピールだったりします。怒っている人は自分のことを、自分の思う通りに「わかってくれ!」という叫び声をあげているのです。そしてそれは、自分への怒りでもあるのです。自分自身に期待しているけれど叶わないから、怒りを自分や周囲に向けてしまう。

自分自身への怒りが積み重なると「怒り体質」となって他者を攻撃しやすくなり、他者からも攻撃される、心休まらない人生を送っている可能性があります。そんなことってもったいないですよね。

「自分はこうあるべき」「他者はこうあるべき」という価値観を見直すことで、怒りの程度も質も頻度も変わってくるでしょう。

「怒り」という感情に人生を支配されない！

…枚挙にいとまないほどに沸く感情

背後にあるのは「本来こうあるべき」という思い込み。

最近、どのようなことで怒りましたか？
その怒りの源には「すべて他者のせい」という思い込みが潜んでいませんか？

やましたひでこの思うこと

怒りの感情は、あなたが思っている以上にあなたの人生を支配することがあります。
誰かのことを怒っているうちに、ぼう大な時間が過ぎ去ることがあるからです。人によっては何十年も怒り続けたり、人生すべて怒り、という人もいるかもしれません。「怒りの傾向」を自問することで、つい怒りがちな自分自身を俯瞰してみましょう。

第2章

「他者への期待」を断捨離

待たずに自分でどんどん動いてみよう

待っていること自体が相手への期待

誰かが何かをしてくれるのを待つ。黙っていても相手が察してくれるのを待つ。私が待っていることをわかってもらえることを待つ。

そして、そうしてくれないことにいらだちを覚え、やがては暗澹たる気持ちに陥っていき、さらに悩みを深めていく。

誰も私のことなどわかってくれないと怒りを込めながら—。

私たちは意識的にも無意識的にも他者に期待し、他者から期待されながら生きています。それを否定するわけではありません。誰にも期待されない人生、それも哀しいように思います。だから期待することに問題があるのではなく、期待外れとなった時の私たちの心の在り様に問題があるのです。

期待外れからくる不平不満。

思うにまかせられないことからくる愚痴。

深くえぐられるような失望感。

どれも、他者や周囲が自分の価値観と異なることから生じます。

そして他者を自分の価値観に合わせようと躍起になればなるほど、徒労と疲弊が待っています。

「すべては相手のせい」で自分はその被害者と思っている限り、その悩みが解決に向かうことはないでしょう。

けれど、相手への自分の価値観の押し付けであると気が付いたとき、今までのモンスター化していた相手の存在も心の塊も、まるで化学変化を起こしたかのように溶けていくものです。

何故なら、**人は自分の価値観を侵略されるのはとても耐えがたく、反発抵抗しか覚えないけれど、自分が否定されることがないとわかれば、ずいぶんと心を開いていく**ものだからです。

まずは、自分の思いを素直に表現してみることから始めましょう。

自分の現状の有り様にどんな気持ちでいるかを言葉にしてみるのです。

主語はもちろん「私は…」です。

自分がどうしたいのか、どう在りたいのかは、自分の領域。

他人にどうして欲しいのか、どうあって欲しいのかは他人の領域。

断捨離では自分の領域への関心を、とことん深めていきます。

他人は自分の思い通りにならないことは、私たちは経験から十分にわかっているつもりです。でも「何も言わずに待って」いる場面がないでしょうか。その待つこと自体、「人が思い通りになる」という前提での行動だったりします。

これまでの人生、あなたはどれほどの「待つ」行為をしていたでしょう。**「待つ」ことをやめ、自らの意志で自由に動けば気持ちが驚くほどラクになる**人生が待っていることでしょう。

「他者に期待を裏切られることが多い」理由

相手は自分の思いどおりに動いてくれるべき、相手を思い通りに動かしたい、と思うから

さらにその奥には他者をコントロールすることで「自分が価値ある存在だと確かめて安心したい」という心理がある。

最近、他者に期待したことはどんなことですか？
その期待の奥には「相手が自分の希望をかなえてくれて当然」と思う気持ちはありませんでしたか？

やました ひでこの思うこと

他者への期待から解放されるには自分の価値を認めること。たとえ相手が思うように動かなくても、あなた自身の価値を損なうことは何らないのです。「信じて期待せず」。そのような心持ちで過ごせるとラクになります。

思い悩んでいるエネルギーがあるくらいなら使って、行動を！

「言い訳」の断捨離

めんどうだから、あえて「する」

「とにかくめんどうくさいんです。片づけるのが、捨てるのが……捨てるか、捨てないかを考えるのが…」そんな声を聞くことがあります。それもかなり多く。

「めんどうくさい」というこの言葉、つい口にしてしまうことがありますね。たしかにめんどうなことはあります。忙しかったり疲れていたりすればなおさら。でも、めんどうという言葉を吐くということは、命に対しての不遜、裏切り行為ではないかと思うのです。

何かをめんどうだと言い放つときは、暮らしていくことが、生活していくことが、生きていくことがめんどうだと自分で自分に言い聞かせるのと同じ。これでは自分の命は喜びませんね。それどころか、萎えていくばかりではないでしょうか。

めんどうだと思うことは、身体からの、命からのメッセージ。このままでは何かしらの齟齬が生じていくからこそ、私たちはめんどうだと思い、感じるのです。めんどうな作業、めんどうな出来事、めんどうな人間関係。めんどうくさいからと放置するのではなく、めんどうであればあるほど、改善に向けての行動を起こす。**放置と先送りこそが、自らのエネルギーをダダ漏れ状態にして、疲れを招き、問題を大きくしていく**のです。

片づけがめんどうであるからこそ、片づけ始める。**人生の循環を悪循環から好循環にシフトさせるきっかけは「めんどうなこと」にある**のです。

思い悩み、危惧しているならば、その時間とエネルギーを使って行動すればいいだけなのですね。

「したい」から「する」へ言葉を変える

私たちは、言い訳をする時に「自分の評価を下げたくない」と思っています。でも、結果的にそれは、自分が自分への評価を下げることになってしまいます。自分から発する言葉を常に聞かなければいけないのは、自分自身だから。「どうせ」「しんどい」「だって」「でも」…そうした言葉を口にするたびに、ネガティブなエネルギーは自分に蓄積され、自己評価も下がるうえに、他者からの評価も下がるのです。いつも言い訳をしている人、は口角すらも下がって不平不満顔。そして言い訳をしている人は、本当は「こうしたい」「こうなりたい」と思っています。

だから「したい」を「する」へと、「欲しい」は「得る」へと、願望から意図意志へのシフトチェンジをしてみましょう。

このシフトチェンジこそが、行動へのアクセルなのです。

「言い訳」を「気付き」のとっかかりにしてみよう

言い訳するクセがついていないかどうかを、チェックしてみましょう

- □ ～のせいで
- □ ～があれば
- □ どうせ～
- □ だって～
- □ そんなこと言われても～
- □ 少しぐらい～
- □ ～したつもりだった
- □ ついうっかり～
- □ 聞いていなかったから
- □ 仕方ないじゃない
- □ バタバタしてて…
- □ べつに…
- □ 昔は（前は）～だった
- □ いや（会話の途中で）
- □ ちぇっ（舌打ち）

ほかに、つい言ってしまいがちな言葉はありませんか？

多くの場合「～だったら、～のはずなのに」という気持ちが言い訳となります。
この考えを逆にしてみます。

疲れているから掃除が出来ない → 掃除すると疲れがとれる

役に立たないから小説は読まない → 小説を読むと役に立つ

夫を愛していないから会話もしない → 会話をすると夫と楽しい時間が過ごせる

時間がないから片づかない → 片づけると時間がうまれる

→ 言い訳は発想の転換で「出来る」ことが多い！

第2章

言葉の持つ力をあなどってはいけない

発する言葉で人生までもが形づくられる

朝いちばんの口ぐせを変えてみよう

朝、目覚めたときに「今日も無事に朝が迎えられた。一日元気でがんばろう」と思えたら素敵です。私自身、これまで朝起きることが苦手で、どちらかというと「ああ、今日という日が始まってしまった」という気持ちでした。そこには母の影響もあったように思えます。以前、母の朝一番の言葉は「ああ、しんどい」でしたから。かといって体の調子が悪いわけではありません。「あなたに関心をもってもらいたい」という母なりのサインだったのでしょう。

マイナスな言葉を発することで自分のマインドを落ち込ませ、それを聞かされる家族をもげんなりさせていたのです。

あなた自身、無意識に口をついて出てくる言葉がどんなものか、一度検証してみてはどうでしょう。

言葉を変えれば自分も変わってくる

「言霊」という言葉があるように、言葉にはそれを発した人の気持ちがこもっています。**発した言葉が潜在意識に刷り込まれ、人格にも投影される**ように思うのです。

私が意識的に発する言葉に「～をする」があります。「～したい」ではなく「～をする」。

例えば朝、家族に「今日はキッチンを片づけたいな」と話すのではなく、「今日はキッチンを片づける」という意図と意志を込めて言います。「～をする」という言葉は願望ではなく、自分にコミット（約束）するという宣言になるのです。

願うほどに現実が遠くなるわけ

「こうしたい」「ああなりたい」と思うのは、現実にはそうなっていないことの裏返し。「痩せたい」というとき、私は太っている、片づけたいというときは、片づけられていないということです。

だから「願う」という行為によって、私たちは「願いが叶っていない」現実を強くイメージしてしまいます。例えば「痩せたい」と願うことで、もっと自分の中に「太っている自分像」を刷り込んでしまう。だから願うのではなく「願いを既にかなえている自分」「願いを現実化するために行動する自分」をイメージすることで、思考を現実化させましょう。

そのためには、**自分の言葉を変えていくことが大切**。「出来る」「やる」という言葉がインプットされた脳は、「したい」「こうなりたい」という言葉がインプットされた脳より、よりスピーディに、ポジティブに行動を起こせます。

言葉を入れかえる作業で運が上向きになる

自分がふだん無意識に使っている制限のある言葉・ネガティブな言葉に
気付き、それに代わる言葉と置き換えてみます

自分にはムリ → やってみなくちゃわからない

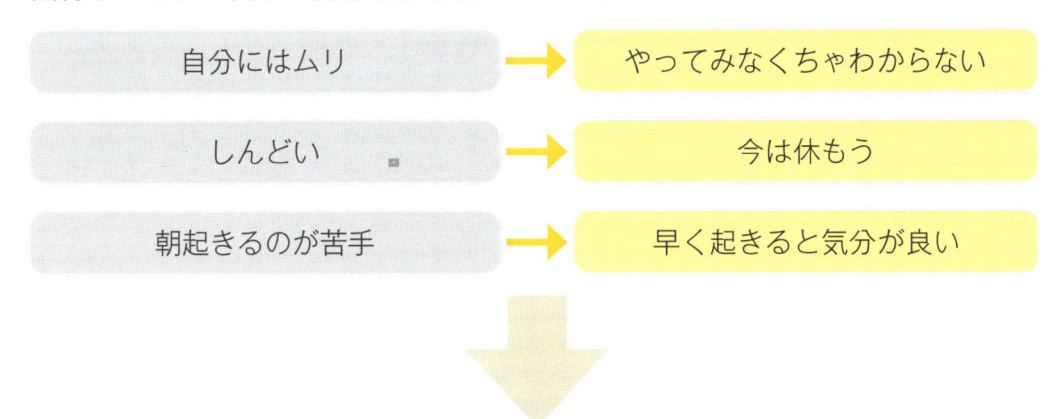

しんどい → 今は休もう

朝起きるのが苦手 → 早く起きると気分が良い

「ムリ」「しんどい」のように、私たちは“望まない現実”を言葉にするのが実は得意。

ふだん自分が口にしがちな“望まない現実言葉”を書き出してみましょう。

やましたひでこの思うこと

「忙しくってぜんぜん自分のことを構ってないのよ」。ある人と久しぶりに会ったときの開口一番がコレ。つまりその人は忙しくて身なりを整えていない自分であることを受け入れ、そのようにふるまってしまっているのですね。言葉は行動を作り、行動がその人自身のパーソナリティーとなってしまうことのおそろしさ。だからこそ、単語、語尾、トーン、使い方、使い時、使う相手、どれも大事にしなくては！

第2章

「自分勝手」の断捨離

「自分軸」と「自分勝手軸」は違う！

他者への価値観の押し付けを断つ

「自分軸」という言葉に対して「それは自分がしたいように、自分勝手な生き方をすることですか？」との反応をされる場合があります。

「自分軸」と「自分勝手軸」。この境界線で戸惑わないように考えを整理したほうが良さそうですね。

「自分軸」とは自分の命の声に耳を傾けること。今の自分が何を考え、感じているかに焦点を当てるプロセス。そして、それに「私」が素直になること、偽りを持ち込まないこと。つまり、今の自分をしっかり見ていくことなのです。

自分の内側の領域への考察を深めるという点では、内観や瞑想に近いものと言えるかもしれません。

けれど、この自分の内側の領域を他者に振りかざしたり押し付けたとしたら？　それはたちまち「自分勝手軸」に変化します。

例えば私が「それってわがままなんじゃないかな」と感じる行動とは、**自分の思い通りにするために他者をコントロールしようとしている場合。それは自分勝手軸**なのです。「私はこう思う」と自分の気持ちを表現するのは自分軸であり、自分の想いを他者に強要することはありません。わがままは互いに不全感な感情が残りますが、**自分軸はお互いの価値観を認め合うことが出来る**のです。

歳をとるにつれてさらに自分勝手軸に

日常で「余計なお世話」をされることはありませんか。

それも、自分勝手軸です。「この服、あなたにぴったりだと思って買ってきてあげたわ」「あなたのためを思って、アドバイスしてあげているのよ」。

おわかりですね。

これは自分の価値観を押し付けているだけの行動で、親切でも何でもないということが。

押し付けられた時、相手がどのような気持ちを持つかの配慮を持ち合わせていないから「親切なことをしてやった」という間違った自己満足だけが残ります。

それこそが「自分勝手軸」なのです。

私たちは歳を重ねるにつれて、どうもこの自分勝手軸がより一層強固になっていくようです。「あなたのためを思って」が口癖の老いた親が、子どもに煙たがられるなどというのは、そんな例です。

他者のことを大切に思うならば、まず自分軸を保ちたいもの。

日常のささいなことでも愉しめ、面白がれる自分になり、ごきげんに過ごせるかどうか。

自分の気持ちがいつも満足ならば、他者を巻き込まず、他者に訴えずして、人生は軽やかに流れていくものなのです。

あなたはどの「軸」で生きている？

自分軸 自分がそうしたいのか？　を基準に生きている

他人軸 他者の思いばかりが、行動や判断の基準になっている

知らず他人軸 無意識に「他者から評価されたい」「悪く思われたくない」と思い、本来の自分とかけ離れたことをしている

自分勝手軸 自分の思うように相手を操作しようとする

他者貢献軸 自分軸が確立したうえでの、他者貢献が出来る

自分軸で生きると…

- 自分が気に入っている
- 自分が選んでいる
- 自分が元気になる

→ **心地良いモノや人に囲まれる**

自分勝手軸で生きると…

- 相手を思い通りにしたい
- 相手に何かしてもらって当然
- 相手は自分に何を与えてくれるのか？

→ **すべてが人のせいで結果、思い通りにならずグチと不満のなかにいる**

他者貢献軸で生きると…

- 自分自身の幸せは「他者に貢献している」
- 「他者の役に立っている」ことが基準になる。

→ **自己を肯定して他者を受容でき、穏やかでゆたかな充足感のなかにいる**

Column

「自分軸」を鍛えよう～自分の人生を生きるということ～

「食べること」と「人間関係」、「時間の使い方」3つを徹底して自分軸に

私たちの日常は常に選択と行動の連続です。

その連続によって、今の自分がある。

自分が選びとって口に運び続けた「食べ物」で今の自分の身体が出来上がっている。

そう考えて間違いないよう。

ところが、もし―。

今の自分の身体が、**食べさせられた**食べ物の結果であるならば。

それは、自分の身体や思考の主成分は「他者の選択決断によるもの」だと言えますね。

それでも私たちは、食事をすることにおいて「他者からの強制力が働いている」と意識することがありません。

でも、どうでしょう。

例えばある日の会食。食欲もなく、軽めにしたいのに周りに気兼ねして皆と同じものをオーダーしてしまう、といったことがこれまでになかったでしょうか？

だとしたら、それは自分の「身体の言い分」をまったく無視した「他人軸」の食事だと思うのです。

食べたい時に食べたいものを食べたいだけ食べる。食べたくないなら、食べない。それこそが自分軸の食事。出来たら、誰にも何にも気を使うことなく、食材選びも調理も自分ですれば、より「自分軸」での食事となります。

歳を重ねると家族が家を離れ、ひとりで自宅で食事をすることが日常になると思います。「わびしい」「味気ない」という捉え方もありますが、それこそ心ゆくまで自分軸での食事を楽しめる時期が来た、という考えもある。

これまで家族の健康を思い献立を考え続け、自分が食べたくなくとも決まった時刻に食事を提供してきた、共に食べてきた、という過去もかけがえのない人生の時間であったと思います。

けれど**人生の後半は、食事や睡眠といった人間の本能部分をとことん気ままな自分軸で行ってみていい**のだと、思うのですね。

自分軸の確立がもっとも難しい「人間関係」

私たちが自分軸を見失いがちなのが、人との関係。

「知らず他人軸」のお付き合いは、そこかしこにあるのです。

苦手な親族はいませんか。配偶者の両親などはその筆頭かもしれません。生育環境も異なり世代間格差もある。けれど、付き合っていかなくてはならない関係。冠婚葬祭などの行事はそれが苦手な席であっても、好まない人たちとの

席であっても、そう簡単には断れるものでもありません。

苦手、好きではない人たちとの関係は、仕事上でもありますね。

上司やお得意先など、自分が一歩も二歩も控えなくてはならない立場だと、なおのことストレスが増幅するもの。これは、友人関係でも言えること。友人でありながら、案外、振り回される関係であったりもします。

そう、そんな相手を友人と見なしていることが、そもそもの問題の始まりなのですが。

私たちは生まれつき人からどう思われるかに囚われる

「よく思われたい私」、いえ、どちらかと言えば「悪く思われたくない私」の方が強く働く意識なのかもしれません。だから、人からの依頼やお誘いを「断る」には勇気がいる。何故なら、「断る」ことは相手を傷つける悪い行為で、結果、悪い行為をする自分は悪者だと思ってしまうから。

他者にどうどう思われるかを気にしない自分、それは、同時に孤独を怖れず、孤独を引き受ける覚悟もある自分。これが、人間関係においての自分軸。そして、その自分軸を存分に発揮しながら、苦手でも嫌いでも付き合わざるを得ない相手だと自分が選択決断したのであるならば、そこに戦略を働かせていく。我慢でも辛抱でもなく、意図的な戦術を駆使しての付き合い方を思考して試行すること。

人間関係において、犠牲者になる必要はありません。ましてや、そこで被害者意識を募らせることほど虚しいものはありません。

関係を断る勇気、関係を受け入れる覚悟、どちらも自分の選択決断。やっかいな場合も多くあるけれど、人間関係は、自分軸を鍛えるのは絶好のテーマだと果敢に挑んでいけたら素敵ですよね。

そして、これだけは心にとめておきたいと思うのです。

それは、時間と自分との関係。

私たちは時間の中に生きる存在。だから時間とどうかかわっていくかが人生の質を決定するといってもいいでしょう。

でも、時間とのかかわり方と言っても、流れ行き過ぎるだけの時間はつかみどころがない話かもしれません。

私は、時間との関係とは、こういうことだと思うのです。

モノ軸、モノを主役にした暮らし方は、モノのために時間が流れ、他人軸、他人を主役にした生き方は、他人のために時間が流れる。つまり、自分から時間を奪っていくのは、モノであり、他人であるのです。

私たちが、よく口にする「時間がない」という言葉。いいえ、時間はありますよね、誰にでも平等に1日24時間という時間が。それでも「時間がない」と感じてしまうのは、そこに自分がいないから。モノのため、他人のために、無自覚に時間を費やしているから。

自分軸をもって、意図的にその時間内の物事や他者にかかわったのならば、決して、時間がないという嘆きにはならないはず。充実感や達成感とともに、「ああ、愉しい時間！」「面白かった」と感嘆の声となるに違いないのだから。

第3章

自分年表を書いてみる

生きてきた道をたどればこれからが見えてくる！

過去を見つめて未来ビジョンを明確化

私たちは、過去を学ぶことで未来へのヒントとしています。失敗の要因は何だったのか、上手くいった原因はどこにあるのかなど、歴史分析によって得られるものはとても多いのですが、そのために別に教科書や偉人伝を読む必要はありません。

自分の役に立つ一番大きなヒントは、実は自分の過去の歩みに隠されていることが多いのです。

自分の過去の歩みを具体化させるのに有効なのが、「自分年表」です。普通の人にとって、人生を俯瞰してみるという機会は、なかなかありません。言うまでもなく、自分の人生の主人公は自分です。「自分年表」を書くことにより、「主人公」だけでなく「監督」という視点で人生を眺めることができるのです。第三者的にこれまでを振り返ってみたとき、私という人間はどんな風景を見て、どんな人たちと関わってきたのか、ターニングポイントだったのはどの時点なのか、上手くいったとき、いかなかったとき、どんな理由があってそうなったのか—これらを記入していくうちに、自分の人生ではあるけれど、まるで他人の人生を見直しているような気がしてくるかもしれません。

得られる人生のヒントは、かなりの大物です。この先、どういう人生を送っていきたいかの重要な手がかりが見つかります。あの時こうしていれば、という後悔もあるでしょう。出会いにも別れにもそれぞれに意味があり、そして今の自分がいます。人とは比べられないオリジナルの歴史として、「私の過去はこれでよかった」と自分の人生を認めてあげましょう。過去を思い、未来への道を考えた時、これから死ぬまで続くであろう時間に、何をしようかという展望も開けます。

これまで自分がしてきたこと、出来たことに目を向ければ、自分の未来の可能性を信じられるようになります。目の前に続く道の先に、どんな世界が待っていればワクワクするでしょう。そのためには今、どうすればよいでしょう？

自分史の書き方のポイントは、他者に読まれることを意識しないこと。どうしても自分を良く見せたいという思いが働きますが、できるだけ素直に正直な気持ちで綴ります。既に多くの齢を重ねてきた場合、遠い昔の記憶をひも解くのはなかなかに難儀です。

例えばその時に流行した曲や、好きだった映画などを思い返すと、同時に記憶の断片がするすると出てくることもあります。過去の手紙や写真を見返しながら当時の気持ちをたどっていくのも、良い手掛かりになるでしょう。

「自分年表」で過去から未来へのヒントをもらう

今、自分はその時を思い出してどう感じるのかを書き出すことで未来への前向きな生き方へとつながります。記入例をもとに次ページからさっそく書き出してみましょう。

（記入例）

年齢	心に残っているライフイベント	家族のこと	好きだったモノ、コト、人	今、振り返ってみて
4	妹が生まれた	父がいつも忙しそうだった	リカちゃん人形	妹の誕生はうれしかったけれど、母を取られた気持ちになった
7	小学校入学	母が仕事に出るようになった	近所のあかりちゃん	妹と二人で遊ぶことが楽しかった
9	ピアノの発表会で最優秀賞をとった	祖母が亡くなった	ベルサイユのばら	担任の先生のことが大好きで学校が楽しかった
11	足の骨折で2週間入院	弟が生まれた	およげ！たいやきくん	家族が増えて面倒を見るのが忙しくなった
13	中学校入学	父が単身赴任した	ピンクレディー	部活動のバスケットボールに夢中
14	夏休みに家族で九州旅行	祖父の介護で母が仕事を辞めた	ドラえもん	クラスの圭太君のことが気になっていた
15	高校受験	妹と仲が悪くなった	竹の子族	受験と部活で大忙しの毎日
18	大学受験	祖父が亡くなった	東京ディズニーランド	受験に失敗して落ち込んだ
19	浪人生活	引越しをした	おしん	アルバイトをしながらの勉強生活…
20	短大入学	妹が家を出て寮生活に	ファミコン	はじめてボーイフレンドができた
21	１か月の短期留学をした	父の単身赴任が終わった	ディスコ	バブル景気真っ盛り
22	K商事に就職	はじめてのひとり暮らし	マイケルジャクソン	夫と付き合い始めた
24	ヨガ講師の資格勉強	妹が出来ちゃった結婚	フラダンス	仕事が忙しくなる一方で趣味に走るようになった

やましたひでこの思うこと

自分年表の作成は、俯瞰力をつける格好のトレーニング。「俯瞰」とは、高い位置から、全体を見渡すこと。そして「俯瞰力」とは、そのための力。この“高い視点から、全体を見渡し、見通し、見定める力”は戦略的に生きていくのにとても必要な力のように思います。そして実はこの力、私たちは皆、誰でも持っているのです。例えばサッカー選手は、フィールド全体を、頭の中で俯瞰してパスの先を瞬時に見定める。これは「空間の俯瞰」。歴史に学ぶことは「時間の俯瞰」。だからこそ、将来をも、見通せるのですね。そう、視点を高く、視野を広げてこそ、私たちは深い洞察が可能になるのです。自分年表は、人生のフィナーレのためのものではなく、これからを意志的に、果敢に、自在に、生きるためのツールです。

「自分年表」を作成してみましょう

- 各年代ごとに分けて記入できるよう横線を引いています。
- 記入欄が足りない場合はこのページをコピーしてお使いください。

年齢	心に残っているライフイベント	家族のこと	好きだったモノ、コト、人	今、振り返ってみて

年齢	心に残っている ライフイベント	家族のこと	好きだった モノ、コト、人	今、振り返ってみて

第3章

「これからやりたいリスト」の魔法

第一歩は気軽なことから始めてみよう

やりたいことは身近なことから

アメリカの実業家、スティーブ・ジョブズ氏の演説のフレーズに、「もし、明日人生最後の日だったらあなたは何をする?」という投げかけがありました。

私の場合、特別なことではなく、家族とごはんを食べる、気に入った器でお茶を飲みながら庭の景色を見るなど、いたって普通のことだったりします。明日死ぬと知ってやろうと思うことも、日常的に明日やろうと思うことも、結局は一緒。むしろ、**やりたいことは、いつかの未来にではなく、今日やってみよう**―そんなフットワークで生きてみたいと思うのです。

時間をかけた壮大な計画も、第一歩が踏み出せなければ意味を成しません。疲れているからとか、歳だからなどと言っているうちに、時間は過ぎてしまいます。なにも、地域でボランティアをするとか、友達を作るといった、実現するのに勇気のいることである必要はありません。「ひょいと気軽にできそうなレベルのこと」を、思い付くまま書き留めてみましょう。

髪を切ってリフレッシュする、新しいレシピを3つ増やす、あるいは「2キロやせる」でも、疎遠だった友達にメールをするだけでも、構いません。「やってみたいけれど、やっていないこと」の多さに気付けばしめたもの。ひとつでも実現すれば、満足感が生まれ「本当はずっとやってみたかったこと」の実現に向けて、やる気の階段を昇っていけるのです。

「お金がかかる」を心のブレーキにしない

「やりたいことを実現すること、それも、他者に頼らず自分で実現すること」が断捨離の目的。そのためには自分が何をやりたいのかを理解し、書き出してリスト化することが大切です。そして、出来そうなものから実行します。

ただ、「やりたいこと」を考えるときに「お金が無い」という心のブレーキがかかる場合が多いようです。お金がかかるから旅行がいけない、などというように。この場合の心の動きとしては「お金のかかる旅行に行く価値が、自分には無い」という思い込みがあります。実際は、旅行に行けるだけのお金を持っているにも関わらず、自分に対して行動する許可を出していないのです。「自分はこれまで一所懸命に生きてきたし、今も生きている。私は、相応のお金を使い、好きな所に好きなときに旅行へ行けるだけの価値のある人間だ」と思えるかどうかが、行動の分かれ目になります。

自分の人生なのだから、自分の為に捧げたいものですね。

「これからやってみたいこと」リスト

優先順位をつけず、「もしお金があったら」「家族が許してくれたら」といった制限もつけず心にパッと思い浮かぶことをリストアップしてみてください。さぁ、あとは人生の残り時間をこれらの願望の実現に振り分けていきましょう

やましたひでこの思うこと

日々の暮らしに追われるあまり、歳を重ねてからやってみたいことがあるのか、すら気付かず時間が過ぎていく…こともありますね。だから定点観測的にわが人生の願望を見直していきたいと思うのです。今、私がやってみたいことは「仏教国への旅を1つでも多く体験したい―」。みなさんはいかがですか?

第3章

毎日を「ありがとう」の言葉でいっぱいにする

日常は有り難いことの連続だからこそ

日常は目に見えない 有り難い出来事の連続

ありがたいというのは「有り難い」ということですね。当たり前のことが、実はまるで当たり前ではなく、とても「有り難い」ことだということに気付いていますか。

これまでの人生を振り返ってみて、そして、今現在おかれている状況を考えてみて、多くの「有り難い」ことに囲まれているな、と思えることが大切です。

私たちの暮らしている社会は、水道の蛇口をひねれば水が出てきますし、リモコンのボタンを押せば最新のニュースが手に入ります。

しかし、これもよく考えればとても有り難いこと。自分ひとりでそういった仕組みを作ることは出来ないわけですから。

目に見えるようなわかりやすいことでなくても、私たちは日常のあらゆる面で、それを作った誰かの親切に出会っているのです。

ひとりで生きていくことはできません。すべて「お互い様」なんですよね。

たくさんのありがとうを言われ、こちらも言う。モノにも「使わせてくれてありがとう」という気持ちでいれば、お役目ごめんとなった場合にも、「今までありがとう」という気持ちを乗せて断捨離できます。自分にとって、モノであっても人であっても、それらの存在にどのくらい有り難いという気持ちを持てるかということが、私たちの幸せに比例するのではないかと思います。

例えば、あなたが山道を歩いていて、疲れたので切株に腰かけたとします。立ち去るときは、その切株にさえ「座らせてくれてありがとう」という気持ちを持てるとしたら―そう、モノ言わぬものに対してさえ手を合わせる気持ちが持てるとしたら「生かされているってありがたい」という思いに日々満たされていくことでしょう。

仏教には、一日の全てが「有り難い」ことだという教えがあります。朝起きたら「ただ今、目覚めさせて頂いた」と思い、寝るときは「今から、眠らせて頂くと」と思う。

そして、生きているということは十分な体力があるということであり、それ自体が「有り難い」。**小さな「有り難い」をおざなりにしないことで、心の在り方も、きっと変わってくる**でしょう。

「ありがとう」という言葉は、いわば「感謝のカタチ」。型が形づくられれば、心もそこにはまるようになります。ですから、まずは口に出す、そして、回数を多く言ってみる。そうすることで、型がしっかりと固まり、感謝の気持ちも自然と生まれてくるのだと思うのです。

感謝の気持ちを意識して言葉にする

朝起きてから寝るまで、どれほど多くの「ありがとう」を言えるでしょう？
また、どんな「ありがとう」を言ってもらえるでしょう？

時間軸	対象物、人	感謝の理由
例：朝	家族	コーヒーをいれてくれた

やましたひでこの思うこと

喫茶店に入って、ただ一杯のコーヒーが目の前に出される。それに対して（ほんのときたま、ではあるけれど）、何と「奇跡的なことだろう」と考える自分がいます。豆が摘まれ、輸出され、抽出されてコーヒーとして提供されるまで、一体どれほどの人の手を通ったことか。お金を払えばほとんどのものが当たり前のように手に入る生活ではあるけれど、そんなモノやコトの「背景」を「俯瞰」してみると、ふとした瞬間にしみじみと感謝の気持ちが沸いてくることがあるのです。

第3章

残りの人生、与えられた時間を心から愉しむために

「好き」を集めれば命が輝く

お気に入りに囲まれて気持ちよく暮らす

私自身、若いころは「好き」とか「面白そう」という気持ちを何より優先して行動してきたように思います。けれども、いつのまにかさまざまな制約だったり体面だったりがあり、そういう気持ちだけでは動けないことが増えてしまいました。

好きな色の服があり、本当は着てみたいのに、派手だと思われたらどうしようか。面白そうな場所がある。行ってみたいけど、時間がとれない―。**これからの人生の時間を自在に生きたいと願ったとき、自分の気持ちにブレーキをかけることなんてナンセンス**だなと思うのです。

私たちの命は、もともとごきげんになるように設計されていて、それを輝かせるのは「好き」とか「面白い」といった、素直な感情なのです。

私たちは「好き」なモノに囲まれた時、呼吸が深く、長く、ゆっくりになります。物理的にも心理的にも、お気に入りに囲まれると心からリラックスして息がラクに出来ます。

好きな人、好きな音楽、好きな風景、好きな言葉、好きな匂い…。それらを集めた空間や時間に身を置くほどに、細胞が活性化するのです。

人生は加点法でゆたかに過ごす

温かな気持ちになれる場所、自分にとって快な場所を増やしていくことができたら、きっと人生がゆたかになるでしょう。**「好き」を増やせば、生きる勇気が沸いてきます。**「好き」なことを見返せばあなたがどのような人なのか、どのようにゆたかな人生を生きてきているのかも、振り返ることができます。好きなことがたくさんあるということは、幸せな記憶をたくさん積み重ねているということなのですから。

あなたが好んで作っていた料理はどんなものでしょう。気に入っているお店のメニューなどのおいしい記憶は、幸せに直結するものです。おいしく味わえたということは、何よりもあなたが健康である証であり、共に愉しむ人がいるということも素晴らしいことです。こうした、たくさんの幸せを抱えて生きているということを、書き出してみましょう。「これもあった」「これもやった」に目を向けるようにし、「あれがあれば」「あれが無かったから」というマイナス面には焦点を当てないようにしましょう。

人生をゆたかに過ごすということは、このように加点法で生きることなのです。

私の「お気に入り」たち

「人」

「土地」

「色」

「季節」

「音楽」

「料理」

「本」

「art」

「お店」

「花」

「言葉」

「スポーツ」

「匂い・香り」

「タレント・俳優」

「ドラマ」

〈自由記入欄〉

思いつくままたくさん書き出してみてください　紙を埋め尽くす勢いで！

第3章

縁ある人々に伝えたいメッセージは何だろう？

遺したいものを見極める

ゴミは残さず想いを遺す

人がひとり死ぬと「こんなにもたくさんのモノが遺されるのか」と驚きます。特に、私たちの親である「もったいない」世代の人たちならば、なおのこと。空間には限りがあるのですから、全てを残しておくわけにはいきません。しかしながら、故人の想いが色濃く残る遺品を前にすると、捨てていいものなのか、遺すものなのか、戸惑ってしまうのは想像に難くありません。当事者たちは、「ココロを鬼にして」せっせと捨てねば！と思いこむようですが、静かに故人を偲びたい時期に、手元と頭を働かして心休まずの状況だなんて、苦行のようですね。

けれど、こう考えてみてはどうでしょう。

「遺品整理とは発見すること」。

親が私たちに一番、伝え、遺したかった想いはなんだったのだろう。そう考えながら、遺されたガラクタの山を丹念にひとつひとつ切り崩し、親の大切な想いが深くこめられたモノを発掘していくのです。大量の無意識、無自覚なモノたちの中に埋もれている「親の生きた証」を見つけ出す作業。それは、逝ってしまった親自身でさえ、気付いていないものかもしれません。だから、子である「私」が探し出して、受け継いでいくのです。

親のモノを捨てるなんて、という思考にとらわれてしまうと辛いのですが、捨てるモノたちはいわば、お宝を埋もれさせている「土砂」。遺品整理とは、土砂をかきわけ、モノから伺える「想い」を救い出す発掘なのです。逆の立場になると、私たちの死後、モノが少ないほうが、遺された人たちの発掘作業はスムーズですね。

遺したいものは最良を最小で

何を遺品として遺せばいいのか。「終活」では迷うところです。ポイントとしては、**「あなた自身の想いが家族に伝わるモノ」**でしょうか。そのモノを通して、家族があなたから受け取った愛情や、一緒にすごした時間を思い浮かべることが出来るものが基準のひとつだと思います。

家族の前で、いつも身に着けていた装飾品。子どもの行事のときによく着ていた服。あなたが家族にあてた手紙。記念写真……。捨てても困らないような日常のモノは、出来るだけ精査していき、少しの〝自分のお気に入り〟と、こうした〝思い出のモノ〟だけを手元に残していくようにする暮らし方を意識しましょう。そうすれば、自然と今あるモノの総量が減っていき、暮らし方も身軽になっていくでしょう。

大切なモノは“上手に、気持ち良く”手放したい

思い入れのあるものを処分することは心の痛みが伴います。かといって多くのものを手元に置いておくわけにもいかない、あの世まで持っていくわけにもいかない―。少しでも心おきなく、モノとお別れできる手段を知っておきましょう。

写真にとってから処分

欲しがる人に譲渡して処分

バザーや フリーマーケットで処分

リサイクルショップや インターネットサイトの オークションで処分

やましたひでこの思うこと

長く使ったモノ、愛着のあるモノであっても、いつかはそれらと離れるときがやってきます。自分が死んだあと誰かが処分するだろうから、おまかせというのでもいいのですが、出来れば自分が生きているあいだに、自分の決断でお別れをしたいもの。捨てられないのであれば、使ってくれる人を探してゆずる。それはモノにとっても第2の人生が輝く選択のされ方なのだと思います。

第3章

「もしものとき」に連絡したい人を選び抜く

大切にしたい人は、自然体でいられる人

自分らしくいられる人を残す

私たちの人生をゆたかに実り多いものにするのも、貧しく虚しいものにするのも、自身がどんな人々と、どのように関係を築いてきたか次第だといっても過言ではありません。

けれど、私たちは人間関係の改善を「他者の改善」に焦点を当ててしまいます。「あの人がこんなふうに変わってくれたら」と。でも、それは無理な話。それなら、自分の性格を変えましょうか。いえいえ、それはもっと無理な話。というのも、「自分が変わればきっとうまくいくはず」、「原因のモトは自分」と思うことには、我慢と不満がつきまとうものなのだから。ですから、もしも変えるなら、まずは「自分の視点」から変えていくのがいいでしょう。

同じ位置や視点では、同じ景色しか見えないように、**他者も一面しか見えません。**自分にとってどんなに嫌な相手でも、必ずその人にも仲良しはいます。

この不思議に気付いてくると、人間を多角面で観察できるようになります。

私には合わない人でも、その人には別の面がある。たしかに、その人の言動、行動、性格はとても褒められたものではないけれど、その人自身を否定するのではなく、その人との位置や距離、会う頻度などを変えてみる—すると、いつの間にか、あなたを取り巻く人間関係にも良い変化が現れます。

偽りのない自分を受け入れてくれる人

今、あなたの周りは心地のよい人間関係で満たされていますか？「あなたがあなたらしくいられない人」と一緒にいるということはありませんか。私たちは「いい人に見られたい」と思う気持ちを潜在的に持っているので、本当の自分をオブラートで包み隠しながら人と接してしまいがち。

でも、それが普通になってしまうと、他者はあなたに「いい人で、私にいつも同調、共感してくれるあなた」を当然のように求めてきます。言いかえれば「私の気持ちを汲んで、さらに私の感情の責任もとってくれる便利なあなた」でなければ用はない、ということ。「いい人」でいたいわけではないのに、「いい人」であることを要求され、それを満たさなければ「嫌われてしまう」という不安。

自分らしく振る舞っても振る舞わなくても、離れる人は離れていきます。自分らしくしていても一緒にいてくれる人、それがあなたに本当に必要な他者。そうなると自分に何かあった場合、知らせたい人が絞り込まれてきませんか？

自分の"キーマン"を選び抜く

親しい友人・知人

☎

☎

☎

☎

☎

所属グループ

①

連絡をとっている人の名前と連絡先

☎

②

連絡をとっている人の名前と連絡先

☎

③

連絡をとっている人の名前と連絡先

☎

④

連絡をとっている人の名前と連絡先

☎

家族

☎

☎

☎

☎

☎

学校・勤務先

☎

☎

☎

かかりつけの主治医

☎

☎

金融機関の担当者など

☎

☎

☎

パートナーへの自分の思いに素直に正直になる

人生の第2ステージ、パートナーとの関係を見直そう

人生50年時代ならばいざ知らず…

　夫婦となった以上、一生添い遂げるもの—。私たちは、そんな観念のなかに、未だいるかもしれません。平均寿命が圧倒的に短かった時代ならば、「子どもを育てあげて家庭を運営する役目」の終わりとともに、自分の寿命も尽きるということが多かったのかもしれません。そうであれば、役目の終わった後の、自分たち夫婦の在り方など考える時間も必要も無かったことでしょう。

　けれど、現在は違います。

　定年となり、社会的な役割を終えた夫と、懸命に子どもに関わるという役目を終えた妻とが、新婚以来、実に何十年ぶりかで、二人きりの生活に戻るのです。

　夫婦の間には、かつてのような家庭運営という共通の目的はありません。そのまま、更に数十年の歳月を二人で共に暮らすという「これから」が待っているのです。それが、平均寿命が長い高齢社会に突入した私たちが、受け止めなければならない現実なのです。

　だとしたら、お互い個性あるひとりの人間同志として、夫婦の在り方を模索しておく必要がありそうです。でも、これはそう簡単なことではありません。今までの夫婦の歴史が大いに影響することだから。しかも、過去の夫婦関係の捉え方も、夫と妻とでは大きな乖《かい》離《り》が潜んでいるものだから。

　幸いにも、互いを敬愛する熟年老年夫婦として「第二の新婚時代」を迎えられるならば問題はありません。けれど、残念なことに、互いを牽制し合うような関係で、この第二ステージを迎えるのだとしたら、そこには暗澹《あんたん》たる思いが漂うことになりますね。もしも、自分が「違う人と結婚していたら私の人生はもっと違っていたのに…」なんて思いに囚われていたとしたら、これからの人生は、それまで以上にやり切れないものになります。

　それでも、**自分のパートナーへの思いから目をそらしてはならない**と思うのです。自分の気持ちに素直に正直になってみる。好きなのか、厭なのか、これからを共にしたいのか、どうなのか。

　そこを踏まえてこそ、新たな関係を築くスタートが切れるのです。

　もしも、我慢忍従の檻の中に、これからも住み続けたいならば話は別ですが。

パートナーとの関係に思い違いはありませんか？

人生を過ごすのに大きなウエイトを占めるのがパートナーとの関係。
シンプルに言うなら「相手を好きだと思えるか」。
考察を避けがちな（目をつぶりがちな）ことについて考えてみましょう

①あなたはパートナーが好きですか？　Yes　No

それは何故？

②あなたはパートナーが苦手ですか？　Yes　No

それは何故？

②でYesと答えた方にお聞きします
③パートナーとこの先も生きていきたいですか？　Yes　No

それは何故？

③でNoと答えた方にお聞きします
④パートナーとこの先どういう関係でありたいですか？

そのために自分が出来ることとは？

第3章

私は、どんな最期を迎えたいのだろう…

「私らしく」をそのときまで貫く

「私らしく」を創造していくために

　いつ訪れるかわからない最期の時まで、「私らしく」あり続けようとする意図、意志は、より良く生きるために大切な役割を果たしてくれるはずです。なので、あらかじめしっかりとした意志表明を自分にも周囲にもしておきましょう。そう、思いもよらない病を得てその機会を失わないためにも。

　私たちが生きている今という時代は、その最期を医療機関で迎える場合がほとんどです。その医療機関で自分に施されることは、救命治療か延命治療か、そのどちらか。もちろん、「救命医療」には異存はありませんよね。ありがたいことに自分の命が救われ、また生かされていくのですから。

　でも、それが「延命治療」だとしたら？　それをどこまで望むのかは、自分自身で決めておかなくてはならないことでしょう。どうやっても回復の可能性がないことは明らかなのに、数時間、数日、数週間の延命を、果たして自分は望むのか。望むとしても、どれだけ望むのか。意識のない状態ではそれを表明することは叶いません。

　自分の肉体の命の閉じ方を、他者任せにする訳にはいかない。ましてや、それを任されることになった家族や親族、そして医療者たちが、どんなにか煩悶と苦悩のなかに放り込まれることになるのかを思えば、なおのことです。

　他者に、自分の肉体の命の始末のつけ方を預けはしない。自分しか始末をつける者はいない。そんな意識を、もっと明確にしていかなくてはなりません。

　それほど、高度に発達した延命医療の中で、私たちは生きながらえているのです。

　たしかに、このことをあらかじめ決めておくのは勇気がいることかもしれません。周囲も、出来れば避けておきたい話題でしょう。

　でも、**死は誰もが迎えるもの。その死に対しては、自分自身が引き受けていく**しかないのです。

　さあ、あなたは、私は、どれほどの延命治療を望んでいるのでしょうか？

　この問いかけが、どこまでも自分らしい最後を創っていくのです。

覚悟と勇気を持って

人は、自分の死に方に対して、「何となく」の意思表明をするけれど「明確」にはしないもの。ふたりの父、実父と舅《しゅうと》を看取ったやましたが感じたことです。私たちは、どこかで自分が本当に死ぬことを認めたくないという意識が働くからでしょうか。遺される家族のことを本気で思いやるのであれば、ここでの意図意志は明確なカタチにしておきたいですね。

やましたの亡き父

晩年、身体の衰えと共にうつや認知症を発症。本人に延命治療をしたくない意志があったにも関わらず明確化されていなかったため、家族は医療機関に伝えることが出来なかった。

やましたの亡き舅

病気を患うなか死は舅にとって恐怖の対象でしかなく、自分の死について語ることも周囲に語られることも、いっさい拒んだ。

元気なうちに
もっと話し合って
おけば
よかったね

自分に関してのデータを明確にしよう

自分にまつわるデータは誰にどう処分してもらうのか

もしものときに処理してほしい、自分の記録を振り返ってみましょう。それと同時に今現在、**「そんなに登録は必要なのか」**を確認してみましょう。

自分の情報はいろいろなツールで外部に流れてしまう可能性もあるので、放ったらかしているものがないかをチェック。書き込むことで要・不要も見えてきます。

特に「おひとりさま」で生きている人は、死後、残った自分のデータ消去を誰にしてもらうのかを、心しておく必要があります。

携帯電話やパソコンのデータ

契約の解約や引き落とし口座の締結など誰に頼んでやってもらうのかを備考欄に書きましょう。

携帯電話

電話番号	登録データの処理はどうして欲しい？
登録メールアドレス	パスワードは？
名義	備考
料金の引き落としはどうなっている？	

パソコン

メーカー・機種・型番	パスワードは？
プロバイダー名	備考
パソコンに保存されているデータの処理は誰にお願いしたい？	

Web サービス
（Facebook、mixi、twitter、ブログ、google+、amazon、楽天など）

サービス名	ID	パスワード
サービス名	ID	パスワード
サービス名	ID	パスワード
サービス名	ID	パスワード

年賀状のデータ

これまでにもらった年賀状は自分や相手の個人情報が書かれたもの。しっかり処分してもらいましょう。

これまでの年賀状や入力データの保管先

備考

公的年金データ

受け取り金額や期間などもきちんと把握しているか確認してみましょう。

基礎年金番号

備考

個人年金データ

受け取り金額や期間などもきちんと把握しているか確認してみましょう。

保険会社

担当者の連絡先

担当者

証券番号

クレジットカードのデータ

紛失したときどこへ連絡すればよいのかをメモしておくと、いざというとき安心です。

名称	紛失時の連絡先	カード番号	有効期限
名称	紛失時の連絡先	カード番号	有効期限
名称	紛失時の連絡先	カード番号	有効期限
名称	紛失時の連絡先	カード番号	有効期限

自分の死後のことを気にやむ必要は無いのだけれど…

少ない財産でも、仲の良い家族でもトラブルは起こり得る

遺産にまつわる軋轢を残さないやり方

　遺言書があっても、もめることがあります。けれど、遺書がなければ、もっともめることでしょう。自分には残せる程度のお金をめぐって、家族同士がいがみ合うなんてことはないだろう、などと思い込んではいけません。実際、**少額の財産でのトラブル件数が、全体の遺産トラブルでは最も多い**のです。「もらえるものは、たとえどんなものでも」というのが人間の心理なのでしょうか。

　まずは、誰が自分の相続人になるのかを確認してみてください。そして、誰に何をあげるのかをイメージしてみます。完全に公平にすることは不可能ですし、預貯金は残高が変動するので、将来いくら残るのかはわかりません。ざっくりとした感覚で結構です。

　大事なのは、自分が持っている資産は不動産、株、現金、宝飾品など、どれくらいのものがあるのかということの現状把握。そして、**誰にあげるかを連想することで、その人との関係性を改めて考える**ということです。

　たくさん遺産分けをしたい相手として、「誰」を考えているのか、自分の大切な形見を持っていて欲しいのは「誰」なのか。

　日頃の本音の人間関係があぶり出される作業のように思います。

借入金やローン

借入先・借入額・借入残高・完済予定日

保証債務（保証人）

主債務者・債権者・内容

クレジットカードやショッピングローンなど

カード名、金額、内容

私の財産メモ

負債(借入金、ローン、クレジットカード、ショッピングローンなど)がある場合も忘れずにメモしましょう。

不動産

所在・地番・建物番号	予定相続人

預貯金

金融機関・支店名	予定相続人

株式、公社債

銘柄・株数・名義人・証券会社・支店名	予定相続人

その他(貴金属・宝飾品・美術工芸品・高額耐久消費財など)

品名・購入年月日・購入先・購入金額	予定相続人

貸付金(誰かに貸しているお金)

氏名、連絡先、貸付日、金額	予定相続人

第3章

何もしないで静かにこの世を去るという選択もあるけれど…

人生の幕引き、どんな演出にしましょうか

人生の始末のつけ方の意味を考える

生きていくための知恵や知識は、学ぶ機会も多いものです。この世に生を受けたときから生き抜くための情報は与え続けられているのが私たちですから。

けれど、人生の幕引きに関しては、生きる術に比べると圧倒的に与えられる情報が少ないものです。

歳をとり、自分の幕引きを何となくイメージしてきた頃になって、やっと考え出す。

しかし、結果的には多くの人たちが、同じような死の迎え方をするのだ、というのが、私の思うこと。そして、それは何故だろうと考えてしまうのです。

死んだあとの葬儀は、何故するのだろう。

それは誰のためだろう。

もし、自分のためであったら、それは「無くてもいい」もののように思うかもしれません。

もう自分の肉体は無いのだから。

そして、生きている間に会いたい人に会い、伝えたいことを伝えて、十分生きたなと思える人生ならば、私の勝手な希望としては、セレモニーとしての葬儀はしてもらわなくていいと思うこともあります。

もちろん、死んだら葬儀をしないとおかしいのでは、と思う人がいてもいいでしょう。

大切なのは、当たり前のように死後行われていることを、**「私は本当に望んでいるのか？」「それはどうしてなのか？」と、問い直す**ことなのです。

死んだ後なのだから、とか、皆が同じようにしていることだからなどと、考えることを放棄しないことが大切です。

自分が骨になった後は、お墓に入るの？　「お墓」ってどんな意味があるの？　自分が入ったお墓は、どう維持してほしいの？　どう続いて欲しいの？…。

こうしたことは、生きている間はなかなか考えにくいもの。死を身近に引き寄せながら、どう生きるかを見つめる作業こそが「終活」なのです。

そのひとつとして、あまり日本のお墓には見られないのですが、墓碑銘（お墓に故人が好きだった言葉や、故人がどういう人物だったかを記す文章）に、例えば自分なら「どんな言葉を刻みたいか」を考えるのは興味深い作業です。

それは、まさに自身が今後どんな人生を送りたいのか、どんな人間と思われたいのかのあぶり出し、といってもいいでしょう。

好きな言葉を漢字で一文字でも、好きだった英語の歌詞のワンフレーズでも、尊敬する人から贈られた忘れられないメッセージでもいい。

あなたを象徴するような、言葉探しをしてみませんか

私のエンディングについて考えてみる

「もしも」のことがあったときどんな「ラストシーン」にしたいのでしょう。

葬儀について　する、しない？

- □ してほしい
- □ 特に望まない
- □ 周りにおまかせする

（それは何故？　　　　）

「自分らしい」葬儀やお墓スタイルも増えています。
こうしたい、というイメージが沸きにくい場合は、
逆に「こうしたくない！」というイメージをするのも手です。

（　　　　）

もし自分が墓碑銘を
書くとしたら…？

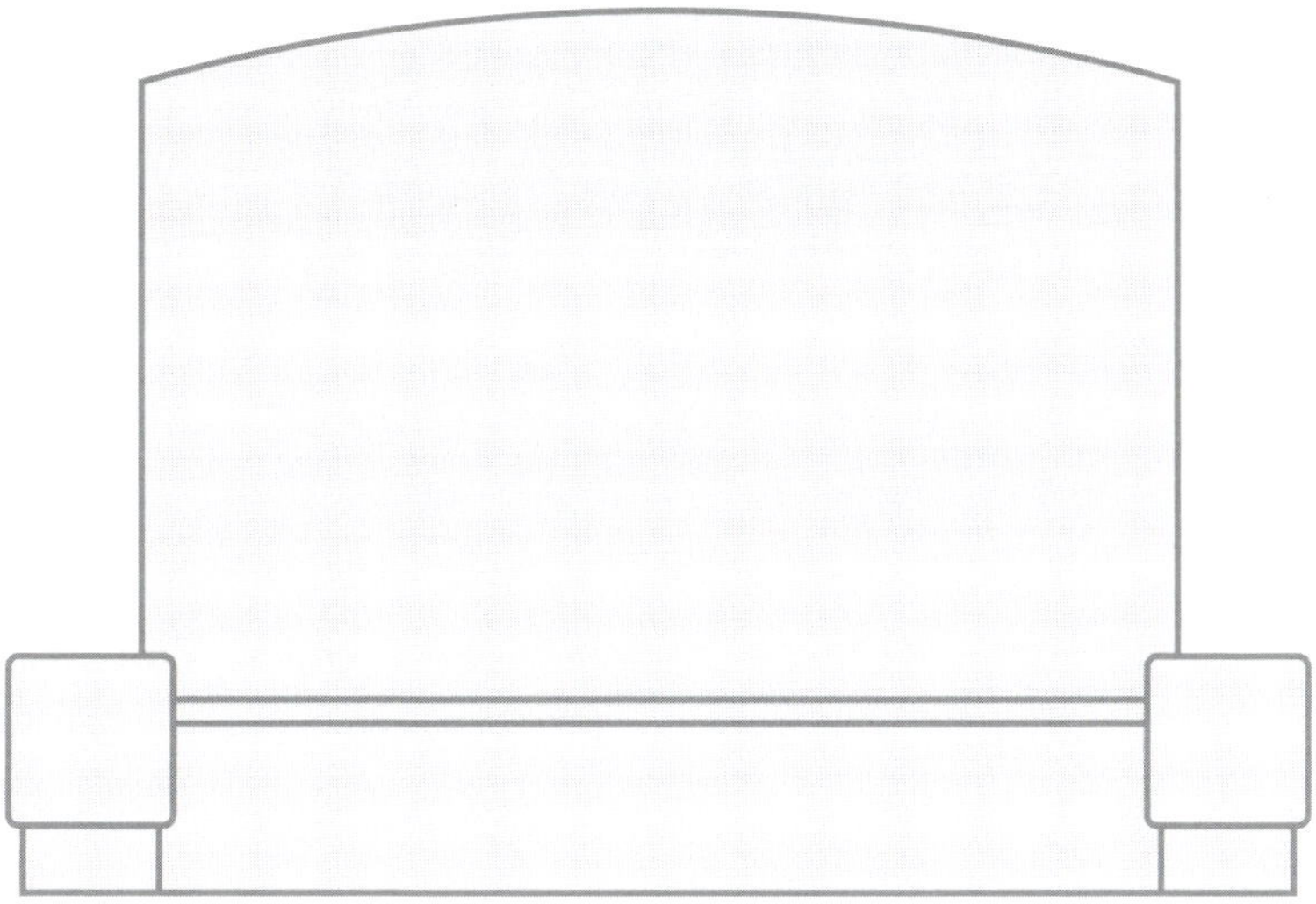

やましたひでこの思うこと

「変化を受け入れ、変化を愉しんだ人
やましたひでこ、ここに眠る
何よりも人を励ますことを好む生涯をおくる。」

私が自身の墓碑銘を入れるとしたら、こんな文言を刻みたいと思うのですね。生きているあいだにそれが十分に実現できたかどうかは別として…。

第3章

「私」についてのサインを決めておく

「あの世」の私から「この世」の人へのメッセージ

「あの世」に旅立った私から「この世」を俯瞰出来たら

もちろん、死んでみなくてはわからないことではあるのだけど。

「あの世」に居を移した私は、「この世」に住み暮らし続けている人々にどんな想いを馳せるのでしょうね。そんなこんなを想像して愉しんでみましょうか。

「私」を、どんなふうに思い出してほしいのでしょうか。いつまでも悲嘆にくれて欲しいのですか。それとも、笑って賑やかに想い出話に花を咲かせて欲しいのですか。

そこで自分のお気に入りの〝自分にまつわるエピソード〟を記しておきましょう。

成功や失敗に伴った苦労話、自慢したいくらいに誇れること。泣いたり笑ったりの日常のささやかな出来事。あるいは、自分だけの内緒の秘めごとでも…。

終わりではなく続いていく

さて、「あの世」の「私」は、時々は「この世」の人々がそれなりに気になるもの。

そんなふうに想像してみることがあります。

「あの世」の「私は」、残した家族を案じる気持ちがあるでしょう。応援してあげたいときも、守って

私という人

名前の由来

生年月日

誕生にまつわる
エピソード

人生最良の日

人生最悪の日

あげたい場合もあるでしょうし、それこそ危機を知らせたくなることもあるかもしれません。もしくは、自分が「あの世」で案外ごきげんでいることを伝えたくなるかもしれませんね。もう、そんなに悲しまなくていいのよ、と。

「あの世」の「私」は、肉体を離れたカタチなき存在。そうですね、もしかするとコンタクトをとる時のサインを決めておくのもいいかも知れないのかな、なんて想像がさらに広がります。

例えば、伝えたいことがある時は、「白い犬」に乗っていくからと。「白い犬」が、ふと目の前に現れたら「私」からのメッセージがあると気付くようにと。

自分が死ぬことは、終わりではなく、見守る存在となって生き続けていく。エンディングから始まるスターティングという未来を感じてみる。

いかがでしょう？

大切な人に
伝えたい
ことを
自由に
記入して
下さい

あとがき

人間、一生のうちに逢うべき人には必ず逢える。
しかも一瞬早すぎず、一瞬遅すぎないときに。

これは哲学者であり教育者であった森信三先生の言葉。私がもっとも影響を受けた言葉のひとつです。

この言葉の「人」を「モノ」や「コト」に置き換えることもできます。私たちは気付かないかもしれないけれど、その時、最良のモノ、コト、人を与えられて生きているはずなのだと。

でも、現代社会の中ではモノもコトも人も、どれも過剰すぎる。「本当に大切なのは何か」を見失ったままで死を迎えていく人が何と多いことか。常に過剰を取り除く作業を行っている私の中で、自らのエンディングとは、究極に過剰と無理無駄をそぎ落とした状態でありたい。死とは、自分自身の「肉体」と「社会との繋がり」の断捨離なのですから。

実は、私は自分が死ぬということをイメージすることがありません。イメージしてもしなくても、死ぬときは死ぬし、考えたところでいつまで生きるのか、どう死ぬのかは予想がつかないこと。ならば「死ぬ」ことを考

えることを「手放し」して、「今を愉しんで」生きることに専念しようと思うのです。

だから、「エンディング・ノート」は遺される人のものではなく、自分自身が、これからどう「よりよく生きるか」をサポートするような存在だと考えます。今の自分を確認するための記録と記憶、自身の考えや情報を「片づける」ためのマインドマップ的なもの。

自分はどう在りたいの？

どんな生き方をしたいの？

私が自身に問いかけている心の問いを、あなたと共有したくてこの本を作りました。

共に愉しみ尽くしましょう。

死ぬまで続く人生という旅を。

そう、旅を前にして不安に心閉ざす人はいないのだから。

誰もが未知なる出逢いを予感して、心躍るものなのだから。

この本を携えながら。

やました ひでこ

著者略歴

やました ひでこ

東京都出身。沖縄県在住。早稲田大学文学部卒。大学在学中に入門したヨガ道場で心の執着を手放そうという行法哲学「断行・捨行・離行」に出逢う。その後、この行法を日常の「片づけ」に落とし込み、「自己探訪」のメソッドとして応用提唱。2001年より「断捨離セミナー」を全国各地で展開し、幅広い層に支持される。断捨離関連書籍はこれまでに累計600万冊を超え、台湾、中国など海外でもベストセラーとなっている。本書は多くの受講者の方と一緒に考えた「断捨離」初の終活本。
公式サイト http://www.yamashitahideko.com/

※本書には個人情報を書き込む欄があります。保管に注意してください。

カバー・本文デザイン・ＤＴＰ／小幡ノリユキ
イラスト／細川夏子
執筆協力／高橋奈央
制作協力／ヴュー企画（池上直哉・野秋真紀子）
編集／谷 知子

よりよく生きるための 断捨離式 エンディング・ノート

著　者　やました ひでこ
発行人　倉次辰男
印刷所　大日本印刷株式会社
製本所　株式会社 若林製本工場
発行所　株式会社 主婦と生活社
〒104-8357
東京都中央区京橋 3-5-7
編集部　☎03-3563-5058
販売部　☎03-3563-5121
生産部　☎03-3563-5125

ISBN978-4-391-14382-9
※本書の情報は、2021年6月時点のものです。